월급처럼 들어오는
미국 배당 투자

월급처럼 들어오는
미국 배당 투자

펴낸날 2025년 11월 5일

지은이 네이르
펴낸이 주계수 | **편집책임** 이슬기
교정 편집 강병규 | **꾸민이** 전은정

펴낸곳 밥북 | **출판등록** 제 2014-000085 호
주소 서울시 마포구 양화로 156 LG팰리스 917호
전화 02-6925-0370 | **팩스** 02-6925-0380
홈페이지 www.bobbook.co.kr | **이메일** bobbook@hanmail.net

© 네이르, 2025.
ISBN 979-11-7223-088-3 (03320)

※ 이 책은 저작권법에 따라 보호받는 저작물이므로 무단전재와 복제를 금합니다.

커버드콜, 배당 성장주, 월배당 ETF로 매달 수익 만드는 전략

월급처럼 들어오는 미국 배당 투자

네이르

서 문

배당 투자가
당신의 삶을 바꾸는 이유

매일 반복되는 출근길, 오르지 않는 월급, 멀게만 느껴지는 경제적 자유. 하지만 당신이 잠든 사이, 누군가는 이미 당신을 위해 일하고 있습니다. 바로 당신의 돈입니다.

아침을 깨우는 배당 알림.
그건 단순한 메시지가 아니라, 변화가 시작되었다는 신호입니다.
많은 사람들이 '경제적 자유'를 꿈꾸지만, 대부분은 복권에 당첨되거나 거액의 유산을 받아야만 가능하다고 생각합니다. 하지만 현실은 다릅니다. 경제적 자유는 매달 꾸준한 현금흐름을 확보하는 명확하고 실행 가능한 전략으로 달성할 수 있으며, 그 중심에 바로 '배당 투자'가 있습니다. 배당 투자로, 여러분은 매달 일정한 수익을 창출할 수 있으며, 이는 장기적으로 여러분의 삶을 확실히 변화시킬 기회를 제공합니다.

배당 투자, 그 진정한 힘은 무엇일까요?

대부분의 투자자는 주식시장에서 시세 차익(Capital Gain)만을 목표로 하지만, 진정한 부를 쌓는 사람들은 '배당'의 힘을 이해하고 이를 활용합니다. 배당 투자는 단순히 돈을 벌기 위한 수단이 아닙니다. 이는 자산을 꾸준히 불려가면서도 매달 일정한 수익을 창출하는 '자산 증식' 전략입니다. 즉, 일하지 않아도 돈이 들어오는 시스템을 만들어주는 것입니다. 배당을 통해 발생하는 현금흐름은 단순히 수익이 아니라, 여러분이 직접 일하지 않아도 벌어들이는 '수동적 소득(Passive Income)'입니다. 이 소득을 통해 우리는 더 자유로운 삶을 꿈꿀 수 있습니다. 직장에서의 스트레스, 경제적 불안, 노후 준비에 대한 걱정을 덜어주는 강력한 도구가 될 수 있습니다.

배당 소득이 꾸준히 들어오면, 우리는 불안 속에서 벗어나 보다 여유롭고 안정적인 삶을 누릴 수 있습니다. 직장에서의 강박적인 근무 시간에서 벗어나 가족과 더 많은 시간을 보내고, 하고 싶은 일을 하며, 삶을 즐길 수 있는 시간이 주어집니다. 결국, 배당 투자는 단순히 '돈의 문제'를 넘어, '삶의 질'을 향상하는 중요한 수단이 됩니다. 이는 단순히 '부'를 쌓는 것이 아니라, 더 나은 삶을 위한 중요한 도전이자 전략이 되는 것입니다.

배당 투자의 장기적인 비전과 전략

배당 투자에서는 즉각적인 성과를 추구하는 것이 아니라, 장기적인 비전을 가지고 투자하는 것이 중요합니다. 그럼에도 불구하고, 적절한 전략을 세운다면 배당 투자도 매우 강력한 재정적 도구가 될 수 있습니다. 배당 투자는 단순히 고배당주를 매수하는 것에서 끝나지 않습니다. 장기적인 성공을 위해서는 배당을 지속적으로 증가시키는 '배당 성장주'와 배당과 옵션 전략을 결합한 '커버드콜 ETF'까지 활용할 필요가 있습니다. 이 책에서는 단순히 종목을 추천하는 것이 아니라, 배당 투자 전략을 어떻게 최적화할 수 있는지, 그리고 이를 통해 어떻게 실제적인 자산 증식과 경제적 자유를 실현할 수 있는지를 깊이 있게 다룰 것입니다.

배당 성장주와 커버드콜 ETF

특히 최근 많은 관심을 받고 있는 커버드콜 ETF(JEPI, SCHD, JEPQ, SGOV 등)는 기존 배당 투자 전략을 한 단계 업그레이드할 수 있는 강력한 도구입니다. 예를 들어, JEPI와 JEPQ는 배당과 옵션 전략을 결합하여 보다 높은 수익률을 제공하는 ETF로, 배당 재투자와 옵션 수익까지 포함해 배당 수익률을 극대화할 수 있는 전략을 제공합니다. 또한, SCHD는 고배당주 ETF로 안정적이고 지속 가능한 배당 성장을 제공합니다. 이러한 배당 성장주와 커버드콜 ETF를 적절히 활용하면 안정적인 배당 수익뿐만 아니라 자산을 더욱 빠르게 증식시킬 수 있습니다.

또한, SGOV와 같은 초단기 국채 ETF는 금리가 변동하는 환경에서 안정적인 수익을 제공하는 중요한 전략적 자산입니다. 금리가 상승하거나 하락할 때마다 전략적으로 활용할 수 있으며, 금리 변동성을 고려한 투자 계획에 큰 도움이 됩니다. 배당을 재투자하고, 옵션 수익까지 포함하는 전략은 단기적인 성과뿐만 아니라, 장기적인 재정적 목표를 달성하는 데 매우 중요한 역할을 할 수 있습니다.

배당 투자, 시간과의 싸움

배당 투자는 단기간에 부자가 되는 전략이 아닙니다. 시간이 지날수록 복리 효과가 극대화되면서 우리의 자산을 눈덩이처럼 불려 줄 것입니다. 배당을 재투자하는 전략을 활용하면 투자 원금이 빠르게 증가하고, 이에 따라 배당 수익도 기하급수적으로 늘어나게 됩니다. 시간이 지남에 따라 배당 소득은 점점 더 큰 규모로 확장되며, 이러한 과정이 반복되면서 우리는 점점 더 큰 경제적 자유를 누릴 수 있게 됩니다.

배당 투자에서 가장 중요한 것은 '시간'입니다. 초기에는 느리게 진행되는 것처럼 보일 수 있지만, 시간이 지나면서 복리 효과가 더욱 강력하게 작용하여 결과적으로 엄청난 수익을 창출할 수 있습니다. '배당 재투자'는 이 복리 효과를 극대화할 수 있는 중요한 전략이며, 이를 통해 우리는 경제적 자유를 향해 한 걸음씩 나아갈 수 있습니다.

이 책의 목표와 안내

이 책은 여러분이 배당 투자를 통해 경제적 자유를 실현하는 길을 단계별로 안내할 것입니다. 투자 원칙을 배우고, 올바른 종목을 선택하며, 장기적인 시각으로 배당을 활용하는 방법을 익히게 될 것입니다. 또한, 배당 투자로 은퇴 계획을 세우고, 지속적인 현금흐름을 창출하는 전략도 함께 살펴볼 것입니다. 이를 통해 여러분은 단순한 투자자가 아니라, 배당 투자를 통한 경제적 자유를 실현한 '지속 가능한 부'를 이루는 투자자로 거듭날 것입니다.

이제 여러분이 해야 할 일은 간단합니다. 배당 투자의 원리를 이해하고, 전략을 세우고, 이를 실행에 옮기는 것입니다. 그리고 시간이 지날수록 쌓여가는 배당금이 여러분의 삶을 바꿔줄 것입니다. 이 책을 통해 배당 투자 세계에 발을 들여놓고, 그 여정을 통해 경제적 자유를 향한 길을 걸어갈 수 있기를 바랍니다. 배당 투자, 그리고 그로 인한 변화가 여러분의 삶을 더욱 풍요롭고 자유롭게 만들어줄 것입니다.

_ 2025년 10월   네이르

차 례

| 서문 | 배당 투자가 당신의 삶을 바꾸는 이유   4

배당 투자의 기초 이해

1장 | 왜 배당 투자인가?   14
  - 꾸준한 수익과 복리의 마법

2장 | 시세 차익 vs 배당   21
  - 어떤 전략이 나에게 맞을까?

3장 | 배당주는 어떻게 나뉘는가?   26
  - 고배당주, 배당 성장주, 커버드콜 ETF

4장 | 배당 투자의 4가지 장점   49
  - 현금흐름의 힘

5장 | 배당에도 함정은 있다   57
  - 주의해야 할 리스크

원칙 있는 배당 투자

| 1장 | 성공하는 배당 투자의 4가지 원칙 | 74 |

| 2장 | 배당 성장주 vs. 고배당주 | 87 |
　　　- 당신의 선택은?

| 3장 | 높은 수익률만 좇지 마라 | 98 |
　　　- 배당 성향과 균형 잡기

| 4장 | 좋은 배당주를 고르는 실전 기준 | 106 |

| 5장 | 배당이 항상 안전하지 않은 이유 | 117 |
　　　- 리스크와 대응 전략

종목 선정과 포트폴리오 설계

| 1장 | 배당 투자 종목 선정 기준 | 124 |

| 2장 | 등급별 배당주 살펴보기 | 132 |

| 3장 | ETF vs. 개별주: 배당 투자자의 전략적 선택 | 142 |

| 4장 | 배당주 포트폴리오 구성 전략 투자 목표에 따른 조합 | 148 |

4부
배당 투자의 실전 전략 요약

1장 | 언제 살까? 언제 팔까?   158
     - 배당 타이밍 전략 정리

2장 | 커버드콜 ETF 및 일드맥스   169
     - 고배당을 극대화하는 무기

3장 | ETF 속 배당 성장   176
     - 장기적 수익의 근간 만들기

4장 | 매달 월급처럼 받는 배당   183
     - 월배당 포트 구성법

5장 | 이들은 어떻게 성공했는가   187
     - 실제 사례로 보는 전략

6장 | 배당으로 은퇴한 사람들   207
     - 현실 가능한 플랜 짜기

5부
나에게 맞는 배당 전략과 배당 투자의 미래

1장 | 투자 성향별 배당 전략   220

2장 | 지속 가능한 배당 투자   227
     - 리밸런싱과 장기 유지법

3장 | ETF도 망할 수 있다   233
   - 운용사 파산 시 대응법

4장 | 배당 투자의 미래와 전략 수립   240

6부
20년 후를 설계하는 장기 배당 시뮬레이션

1장 | 시뮬레이션 전략 수립   248

2장 | SCHD 20년 장기 수익 분석   254
   [시뮬레이션]

3장 | JEPQ 20년 장기 수익 분석   257
   [시뮬레이션]

4장 | [비교분석] SCHD vs JEPQ   260
   - 장기 수익률 비교

5장 | SCHD + DRIP 시뮬레이션   262
   [재투자 전략]

6장 | JEPQ 투자, 배당금은 SCHD 재투자   265
   [복합전략]

7장 | SCHD 투자, 배당금은 JEPQ 재투자   268
   [복합전략]

고급 투자자를 위한 실전 도구

| VIG ETF 분석 | Vanguard Dividend Appreciation ETF   277
| SCHD ETF 분석 | Schwab U.S. Dividend Equity ETF   281
| VYM ETF 분석 | Vanguard High Dividend Yield ETF   285
| JEPI ETF 분석 | JPMorgan Equity Premium Income ETF   289
| JEPQ ETF 분석 | JPMorgan Nasdaq Equity Premium Income ETF   293
| DGRO ETF 분석 | iShares Core Dividend Growth ETF   297
| SDY ETF 분석 | SPDR S&P Dividend ETF   301
| VEA ETF 분석 | Vanguard FTSE Developed Markets ETF   305
| IEMG ETF 분석 | iShares Core MSCI Emerging Markets ETF   309
| VXUS ETF 분석 | Vanguard Total International Stock ETF   313
| BND ETF 분석 | Vanguard Total Bond Market ETF   317
| BNDX ETF 분석 | Vanguard Total International Bond ETF   321
| TLTW ETF 분석 | iShares 20+ Year Treasury Bond BuyWrite Strategy ETF   325
| TLT ETF 분석 | iShares 20+ Year Treasury Bond ETF   329
| SGOV ETF 분석 | iShares 0-3 Month Treasury Bond ETF   333
| VNQ ETF 분석 | Vanguard Real Estate ETF   337
| RWR ETF 분석 | SPDR Dow Jones REIT ETF   341

1부

배당 투자의 기초 이해

왜 배당 투자인가?

- 꾸준한 수익과 복리의 마법

1.1 배당이란 무엇인가?

배당은 기업이 영업활동을 통해 발생한 순이익 일부를 주주에게 현금이나 주식의 형태로 분배하는 것을 의미합니다. 이는 주식 투자자가 직접적으로 받을 수 있는 대표적인 수익 방식으로, 주주는 자신이 보유한 지분에 비례하여 배당금을 수령하게 됩니다.

하지만 배당의 의미는 단순한 이익 분배에 그치지 않습니다. 배당은 기업이 주주를 단순한 자금 제공자가 아니라, '경영의 동반자'로 인식하고 있음을 보여주는 신호이기도 합니다. 특히 안정적으로 배당금을 지급하는 기업은 일정 수준 이상의 수익성과 재무 건전성을 유지하고 있다는 신뢰를 시장에 전달하게 됩니다.

배당의 지급 여부와 그 규모는 각 기업의 경영 전략, 성장 단계, 산업 특성 등에 따라 달라집니다. 예를 들어, 성장 단계에 있는 기업은 미래의 사업 확장을 위해 이익을 내부에 유보하고 재투자하는 경향이 강합니다. 반면, 성숙기에 접어든 기업은 잉여 자금을 주주에게 돌려주는 형태로 안정적인 배당 정책을 채택하는 경우가 많습니다.

특히 장기간에 걸쳐 꾸준히 배당금을 지급하거나, 해마다 배당금을 인상해 온 기업은 시장에서 높은 신뢰를 얻습니다. 이는 해당 기업이 경기 불황과 같은 어려운 시기에도 지속적으로 수익을 창출해왔다는 증거로 받아들여지기 때문입니다.

결국 배당은 단순한 현금흐름 이상의 의미를 갖습니다. 이는 기업과 주주 간의 신뢰를 상징하며, 동시에 기업의 재무 건전성과 지속 가능성을 보여주는 핵심 지표로 작용합니다.

1.2 배당 투자의 중요성

배당 투자는 단순히 수익을 창출하는 것을 넘어, 장기적인 자산 형성과 안정적인 현금흐름 확보라는 중요한 가치를 제공합니다. 이는 특히 은퇴를 준비하거나 경제적 자유를 목표로 하는 투자자에게 매우 매력적인 전략이 됩니다.

배당 투자의 가장 큰 장점은 시장 변동성과 무관하게 일정 수준 이상의 현금흐름을 제공한다는 점입니다. 주식 가격은 금리, 환율, 정치적 사건 등 다양한 외부 요인에 의해 요동칠 수 있지만, 재무 구조가 견고한 기업은 경기 침체기에도 배당을 유지하거나 소폭 증가시키는 경우가 많습니다. 이러한 특성 덕분에 배당 수익은 시장 상황에 크게 흔들리지 않고, 투자자에게 꾸준한 재정적 지원을 제공하게 됩니다.

또한 배당금은 단순히 현금으로 수령하는 데 그치지 않고, 재투자를 통해 복리 효과를 극대화할 수 있습니다. 받은 배당금을 다시 투자함으로써 투자 원금이 점진적으로 증가하고, 이에 따라 향후 배당금 역시 자연스럽게 불어나게 됩니다. 장기적으로 보면 이러한 선순환 구조는 단순한 주가 상승을 뛰어넘는, 훨씬 강력한 자산 증식 수단이 될 수 있습니다.

특히 경제적 불확실성이 높은 시기에는 배당 투자의 진가가 더욱 두드러집니다. 시장이 전반적으로 하락세를 보일 때도 배당금은 여전히 정기적으로 유입되며, 이는 투자자에게 심리적 안정감을 제공하고 장기적인 투자 전략을 흔들림 없이 유지하는 데 중요한 역할을 합니다.

결국 배당 투자는 '안정성과 성장성'을 동시에 추구할 수 있는 전략입니다. 단기적인 가격 변동에 일희일비하지 않고, 견고한 자산 기반을 장기적으로 구축하려는 투자자에게 배당 투자는 반드시 고려해야 할 핵심 전략이라 할 수 있습니다.

1.3 배당 성장주와 고배당주의 차이

배당주 투자라고 해서 모두 동일한 성격을 지닌 것은 아닙니다. 배당을 기반으로 한 투자 전략은 크게 배당 성장주(Dividend Growth Stocks)와 고배당주(High Dividend Stocks)로 나눌 수 있으며, 이 두 유형은 투자 목적과 수익 구조 면에서 뚜렷한 차이를 보입니다. 각 유형의 장단점에 대해서는 2장에서 상세히 비교하겠지만, 여기서는 기본 개념만 간략히 소개하겠습니다.

배당 성장주는 현재 배당 수익률이 상대적으로 낮을 수 있지만, 시간이 지남에 따라 배당금을 꾸준히 인상해 온 기업을 말합니다. 이러한 기업들은 일반적으로 안정적인 이익 성장과 건전한 재무 구조를 바탕으로, 장기적으로 배당을 증가시키는 전략을 유지합니다. 대표적으로 코카콜라(KO), 존슨앤드존슨(JNJ)와 같은 배당 왕(Dividend King) 기업들이 여기에 해당합니다.

고배당주는 현재 기준에서 높은 배당 수익률을 제공하는 기업을 의미합니다. 이들은 대체로 에너지, 통신, 금융, 부동산(REITs) 등 일정 수준 이상의 현금흐름이 안정적으로 발생하는 산업군에 속해 있으며, 배당금의 규모 자체가 크기 때문에 즉각적인 현금흐름 확보에 유리한 특징을 지닙니다. 이런 특성으로 인해 고배당주는 은퇴자나 생활비 마련이 필요한 투자자에게 특히 적합한 투자 대상이 될 수 있습니다.

1.4 배당 투자의 기원

배당은 단순히 현대 주식시장에서 만들어진 개념이 아닙니다. 그 뿌리는 수백 년 전, 17세기 초 유럽까지 거슬러 올라갑니다.

세계 최초의 주식회사로 알려진 네덜란드 동인도 회사(Vereenigde Oostindische Compagnie, VOC)는 1602년, 투자자들에게 주식을 발행하고 회사 수익의 일부를 배당금 형태로 분배하는 제도를 처음으로 도입했습니다. 이는 자본을 제공한 대가로 이익을 나누는, 오늘날 우리가 알고 있는 배당 투자의 시초라 할 수 있습니다.

당시 투자자들이 VOC의 주식을 매입한 이유는 단순히 주가 상승을 기대했기 때문만은 아니었습니다. 무엇보다도 그들은 회사 영업을 통해 창출되는 실질적인 현금흐름을 공유받기 위해 투자한 것이었습니다.

이처럼 '정기적이고 예측 가능한 수익'과 '이익에 대한 권리'라는 개념은 이미 17세기부터 배당 투자의 핵심 가치를 형성해왔습니다.

시간이 흐르며, 19세기 후반 미국에서도 본격적인 주식시장이 형성되기 시작했습니다. 철도회사, 은행, 산업 기업들이 잇따라 상장하면서, 배당금 지급이 투자자들에게 신뢰를 제공하는 수단으로 자리 잡게 되었습니다. 이 시기부터 배당은 단순한 기업 선택 사항이 아닌, 투자자의 신뢰를 얻기 위한 핵심 기준으로 자리매김했습니다.

결국 주식시장의 발전과 함께 배당은 '주가 상승'이라는 자본 이득 외에, 투자자가 실질적으로 체감할 수 있는 수익의 근거가 되었고, 많은 투자자들이 배당 지급 여부를 주요 투자 판단 요소로 삼기 시작했습니다.

1.5 배당 투자의 가치

배당은 단순히 주식을 보유한 대가로 받는 '보너스'가 아닙니다.

장기적인 관점에서 보면, 배당은 투자 수익의 핵심적인 축이며, 시간이 지날수록 자산 성장을 견인하는 복리의 엔진 역할을 합니다.

미국 S&P 500 지수의 장기 수익률을 분석한 연구에 따르면, 전체 수익의 약 40% 이상이 배당금 재투자를 통해 발생한 것으로 나타났습니다. 이는 단순한 주가 상승효과만이 아니라, 배당금을 다시 투자해 복리 효과를 극대화한 결과입니다. 이처럼 배당은 눈에 잘 띄지 않지만, 장기적으로는 '눈덩이처럼 불어나는 자산 성장'의 숨은 주역이라 할 수 있습니다.

대표적인 사례로는 워런 버핏(Warren Buffett)을 들 수 있습니다.

그가 이끄는 버크셔 해서웨이는 자체적으로 배당금을 지급하지 않지만, 코카콜라(KO), 아메리칸 익스프레스(AXP) 등 배당 성향이 강한 기업들에 장기적으로 투자하고 있습니다. 특히 버핏은 1988년부터 보유한 코카콜라 주식으로, 현재는 투자 원금 대비 연간 50% 이상의 배당 수익률을 기록하고 있습니다.

이는 단기간의 시세 차익이 아니라, 수십 년간 꾸준히 누적된 배당과 재투자의 복리 효과가 만들어낸 놀라운 결과입니다.

배당 투자의 또 다른 강점은 심리적 안정감입니다.

주식시장이 불안정하고 주가가 일시적으로 하락하더라도, 배당금은 정기적으로 지급됩니다. 시장의 단기적인 노이즈에 흔들리지 않고, 예측 가능한 현금흐름을 제공하기 때문에, 투자자는 보다 침착하게 장기 전략을 유지할 수 있습니다.

특히 은퇴를 앞둔 투자자에게는 생활비를 보조할 수 있는 중요한 현금흐름을 제공함으로써, 경제적 자립의 실질적인 기반이 되어줍니다.

네이르의 투자 노트

우리가 배당 투자를 하면서 가장 많이 느끼는 감정이 FOMO: Fear of Missing Out(남들이 투자로 수익을 내는 걸 보고, 자신만 기회를 놓칠까 두려워 무리하게 따라가는 심리)입니다. 배당은 거북이 같은 성향이 있기에 조급해질 수도 있습니다. 하지만 배당 투자는 그만큼 안정적이므로 여유를 가지신다면, 미래에는 비바람이 불고 폭풍이 칠지라도 마음이 평온하리라 생각합니다.

2장 시세 차익 vs 배당

– 어떤 전략이 나에게 맞을까?

2.1 시세 차익 투자

시세 차익 투자는 자산의 가격 변동을 활용해 수익을 추구하는 투자 방식입니다. 즉, 가격이 낮을 때 매수하고 높을 때 매도함으로써 발생하는 차익을 통해 이익을 얻는 것을 목표로 합니다. 주식, 부동산, 금과 같은 다양한 자산이 시세 차익 투자의 대상이 될 수 있으며, 특히 주식시장에서는 가장 보편적이고 오래된 투자 전략 중 하나로 자리 잡고 있습니다.

이 전략은 기본적으로 '가격 예측'에 기반합니다. 투자자는 특정 자산의 가격이 오를 것이라는 전망 하에 매수하고, 원하는 수익률에 도달하거나 시장의 흐름이 바뀔 때 매도함으로써 차익을 실현합니다. 반대로, 가격 하락을 예측하여 공매도나 인버스 ETF 등에 투자해 이익을 얻는 방식도 역시 시세 차익 투자에 해당합니다. 접근 방식은 다를 수 있어도, 핵심은 '가격의 움직임을 예측해 수익을 내는 것'입니다.

그러나 시장을 예측한다는 것은 결코 쉬운 일이 아닙니다. 경제 지표,

금리 변동, 정치적 이슈, 글로벌 경기 상황 등 수많은 요인이 자산 가격에 영향을 미치기 때문에, 정확하게 타이밍을 맞추는 것은 매우 어렵습니다. 실제로, 경험이 풍부한 전문 투자자들조차도 높은 확률로 시장의 방향을 예측하는 데 실패하곤 합니다. 또한, 시세 차익 투자는 단기 성과에 집중하는 경향이 있어 투자자가 심리적 압박을 받기 쉽습니다. 하루하루의 주가 변동에 과도하게 반응하거나, 감정에 따라 비합리적인 의사결정을 내릴 위험도 큽니다. 특히 예상치 못한 외부 충격이나 시장 급락이 발생할 경우, 단기 투자자는 큰 손실을 볼 가능성도 존재합니다.

결국 시세 차익 투자는 높은 수익 가능성을 제공하는 동시에, 그만큼 높은 리스크를 수반하는 전략입니다. 시장의 흐름을 예측하고 이를 바탕으로 투자 결정을 내리는 것은 매력적일 수 있으나, 그만큼 신중함과 리스크 관리 능력이 요구됩니다.

2.2 배당 투자

배당 투자는 자산의 단기적인 가격 변동에 의존하지 않고, 기업이 정기적으로 지급하는 배당금을 통해 수익을 추구하는 전략입니다. 투자자는 기업의 영업활동에서 발생한 이익 중 일부를 배당금 형태로 받으며, 이를 통해 예측 가능하고 지속적인 현금흐름을 확보할 수 있습니다.

배당 투자의 가장 큰 강점은 '안정성'입니다. 주가는 수시로 오르내릴 수 있지만, 견고한 배당 정책을 유지하는 기업은 경기 침체기에도 일정 수준의 배당금을 지급하기 위해 노력합니다. 이는 투자자에게 꾸준한 수입원을 제공할 뿐 아니라, 시장이 불안정할 때도 심리적인 안정감을 주는 요인으로 작용합니다.

특히 배당 투자는 장기적인 관점에서 수익의 안정성과 성장성을 동시에 추구할 수 있다는 점에서 강력한 전략이 됩니다. 기업이 해마다 배당금을 증액할 경우, 투자자는 시간이 지남에 따라 '투자 원금 대비 배당 수익률(Yield on Cost)'이 자연스럽게 상승하는 효과를 경험하게 됩니다. 예를 들어, 투자 초기에는 3%였던 배당 수익률이 10년 후에는 연 6~7% 수준으로 증가할 수 있습니다.

물론 배당 투자에도 단점은 존재합니다. 아무리 배당 수익률이 높더라도, 기업의 실적이 악화하면 배당금이 삭감되거나 중단될 수 있으며, 특히 고배당주에 집중된 포트폴리오는 리스크를 키울 수 있습니다. 따라서 안정적인 배당을 지속할 수 있는 재무 구조를 갖춘 우량 기업을 선별하는 것이 매우 중요합니다.

2.3 어떤 전략을 선택할 것인가?

결국 투자자는 자신의 투자 성향과 목표에 따라 가장 적절한 전략을 선택해야 합니다.

단기적인 수익을 추구하며 시장 흐름을 빠르게 포착할 자신이 있다면, 시세 차익 투자는 유효한 방법이 될 수 있습니다. 반대로, 안정적인 현금 흐름과 장기적인 자산 성장을 우선시한다면 배당 투자가 더 적합한 선택일 수 있습니다.

특히 은퇴를 준비하거나 시장의 변동성에 휘둘리고 싶지 않은 투자자에게는 배당 투자야말로 더 큰 심리적 안정감을 제공할 수 있습니다. '배당금'이라는 실제 수익이 정기적으로 들어오는 구조는 투자자가 주가의 일시적인 변동에도 더 차분하게 대응할 수 있도록 도와줍니다.

요컨대, 시세 차익 투자와 배당 투자는 상호 대립하는 전략이 아니라, 투자자의 목적과 상황에 따라 병행하거나 선택적으로 활용할 수 있는 서로 다른 투자 방식입니다. 중요한 것은 자신에게 가장 잘 맞는 전략을 이해하고, 그에 따른 일관된 투자 원칙을 세워나가는 것입니다.

2.4 두 투자 방식의 비교

구분	시세 차익 투자	배당 투자
수익 원천	자산 가격 상승에 따른 매도 차익	기업이 지급하는 정기적인 배당금
수익 실현 시점	매도 시점에 한 번에 실현	투자 기간 중 정기적으로 수익 발생
시장 예측 의존도	매우 높음	비교적 낮음
변동성 민감도	매우 민감함	상대적으로 낮음
심리적 스트레스	높음	낮음
자산 성장 가능성	빠를 수 있으나 불확실성 큼	느리지만 안정적 성장 가능
재투자 전략	주로 차익 실현 후 재투자	배당금 재투자를 통한 복리 효과
적합한 투자자 유형	단기 수익을 추구하고 시장 타이밍에 자신 있는 투자자	장기적인 수익과 안정성을 추구하는 투자자
예시 ETF/자산 유형	성장주, 기술주, 테마 ETF 등	배당주, 고배당 ETF (SCHD, VYM, JEPI 등)

네이르의 투자 노트

배당 관련 공부는 본인의 성향을 잘 파악하는 것이 중요합니다.

저는 초기에 귀동냥으로 이것저것 감정적인 매수를 했다가 나중에 다시 감정적인 매도를 하고 손실을 보는 경우가 많았습니다.

시세 차익 투자를 주로 하신 분들은 아무래도 배당 투자가 많이 답답할 수 있습니다. 하지만 배당 투자 안에서도 공격과 방어를 취할 수 있습니다. 그러니 목표 지향적으로 책을 읽고 나만의 성향과 포지션을 찾아보는 것을 추천해 드립니다.

3장 배당주는 어떻게 나뉘는가?

- 고배당주, 배당 성장주, 커버드콜 ETF

배당 투자에는 여러 가지 전략이 있으며, 그중에서도 고배당주, 배당 성장주, 커버드콜 ETF는 투자자들이 가장 많이 고려하는 주요 방법들입니다. 이 세 가지 전략은 각기 다른 특성이 있어 투자자의 목표와 시장 상황에 따라 선택할 수 있습니다. 때로는 이들 전략을 결합하는 것이 더 효과적일 수 있습니다. 이 장에서는 각 전략의 장단점과 그 전략이 적합한 상황을 살펴보고, 세 가지 전략을 어떻게 조합할 수 있는지에 대해 설명하겠습니다.

3.1 각 배당주의 적합한 상황들

1. 고배당주의 장점과 적합한 상황

고배당주는 투자자에게 높은 배당 수익률을 제공하는 주식으로, 현금 흐름을 중시하는 투자자에게 특히 매력적입니다. 이러한 전략은 일반적으로 안정적인 수익원을 찾고 있는 사람들에게 적합합니다.

고배당주의 가장 큰 장점은 바로 안정성입니다. 고배당주는 대개 안정적인 사업 모델을 가지고 있으며, 지속적인 현금흐름을 생성하는 기업들이 많습니다. 이런 기업들은 배당금을 꾸준히 지급할 수 있는 능력을 갖추고 있어, 예측 가능한 수익을 제공합니다. 또한 고배당주는 배당금을 즉시 실현할 수 있기에, 현금흐름을 중시하는 투자자에게 유리합니다. 예를 들어, 퇴직 후 안정적인 생활을 위해 배당금을 실현하려는 투자자들에게 고배당주는 매우 매력적입니다.

고배당주는 시장 변동성이 클 때 유리한 전략이 될 수 있습니다. 주식시장의 불확실성이나 하락장이 있을 때, 상대적으로 덜 변동적인 특성을 보입니다. 이는 특히 보수적인 투자자가 시장의 변동성에 대응하려 할 때 좋은 선택이 될 수 있습니다. 예를 들어, 저금리 환경에서 고배당주는 예금보다 높은 수익을 추구하는 투자자에게 적절합니다.

그러나 고배당주가 항상 적합한 것은 아닙니다. 주식의 가격 상승 잠재력이 상대적으로 낮을 수 있습니다. 즉, 배당 수익을 추구하는 동안, 주식 가격의 상승을 기대하기는 어렵다는 단점이 있습니다. 따라서 고배당주는 현금흐름을 우선시하고, 안정성에 더 큰 비중을 두는 투자자에게 적합합니다.

2. 배당 성장주의 장점과 적합한 상황

배당 성장주는 배당금을 매년 증가시키는 기업에 투자하는 전략입니다다. 배당금이 지속적으로 증가하는 기업은 대개 수익과 현금흐름이 꾸준히 성장하는 기업이기 때문에 장기적인 자산 증가를 추구하는 투자자에게 매우 유리합니다.

배당 성장주의 장점은 장기적인 자산 성장을 도모할 수 있다는 점입니다. 배당이 증가하는 기업은 수익이 증가하고, 그에 따라 주식 가격도 상승할 가능성이 높습니다. 장기적으로 보면 매우 강력한 복리 효과를 창출할 수 있습니다. 특히 배당금을 재투자하는 경우, 시간이 지남에 따라 더 많은 이익을 얻을 수 있기에 장기적인 투자 전략에 적합합니다.

배당 성장주는 세금 효율성 측면에서도 장점이 있습니다. 대부분의 배당 성장주는 배당금이 상대적으로 낮기 때문에, 매년 배당에 따른 세금 부담이 크지 않습니다. 이는 오히려 기업이 남긴 이익을 다시 사업에 투자하여 성장할 수 있는 여지를 넓혀주며, 장기적으로 주가 상승과 함께 자산을 점진적으로 늘려가는 데 유리합니다.

특히 경제가 성장하는 시점에서는 더 큰 효과를 기대할 수 있습니다. 기업들의 수익이 늘어나면서 배당금 역시 꾸준히 증가하기 때문입니다. 배당 성장주는 초기에는 낮은 배당금으로 시작하지만, 시간이 지남에 따라 배당금이 점차 늘어나면서 장기 투자에서 강력한 복리 효과를 발휘합니다.

물론 단기적으로는 낮은 배당금이 아쉬울 수 있습니다. 하지만 이에 따라 세금을 덜 내고, 기업의 성장과 함께 배당이 증가하는 흐름에 올라탈 수 있다는 점에서 장기 투자자에게 매우 매력적인 전략이 될 수 있습니다.

3. 커버드콜 ETF의 장점과 적합한 상황

커버드콜 ETF는 주식에 대해 콜옵션[1]을 매도하는 전략을 사용합니다. 콜옵션 매도를 통해 옵션 프리미엄[2]을 수취하고, 주식의 상승과 함께 배당금도 얻을 수 있습니다. 이는 변동성이 큰 시장에서 추가적인 수익을 창출할 수 있는 전략으로, 변동성을 활용하고자 하는 투자자에게 유리합니다.

커버드콜 ETF의 가장 큰 장점은 바로 옵션 프리미엄을 통한 추가적인 수익 창출입니다. 주식시장에서 주식의 상승폭에 제한이 있더라도, 옵션 매도로 얻은 프리미엄을 수익으로 실현할 수 있습니다. 이 전략은 변동성이 큰 시장에서 더 큰 효과를 발휘할 수 있습니다. 예를 들어, 주식시장이 불확실하고 큰 변동성을 보일 때, 커버드콜 ETF는 주식 가격의 상승을 기대하지 않으면서도 안정적으로 이익을 얻을 방법을 제공합니다.

또한 커버드콜 ETF는 일정한 수익을 제공하는 특성 덕분에 시장 상승에 대한 큰 기대 없이도 안정적인 수익을 추구하는 투자자에게 유리합니다. 주식시장이 횡보하거나 안정적인 상황에서는 좋은 성과를 낼 수 있습니다. 특히 시장이 급격히 상승하거나 하락하지 않는 상황에서, 프리미엄 수익을 계속해서 얻을 수 있기 때문입니다.

주식 가격 상승에 대한 제한이 있을 수 있다는 단점이 있습니다. 주식

1 　콜옵션(Call option): 특정 자산을 만기일에 미리 정한 가격으로 살 수 있는 권리

2 　옵션 프리미엄(Option premium): 옵션 매수자가 옵션의 대가로 옵션 매도자에게 지급해야 하는 금액

이 급격히 상승할 경우, 콜옵션의 매도로 인해 이익을 제한받을 수 있습니다. 따라서 시장이 급등할 것이라 예상되는 경우, 커버드콜 ETF는 다소 제약이 될 수 있습니다. 그럼에도 불구하고 변동성이 큰 시장에서는 매우 유효한 전략이 될 수 있습니다.

4. 고배당주, 배당 성장주, 커버드콜 ETF의 조합

각각의 전략은 그 자체로도 유효하지만, 투자자의 목표와 시장 상황에 따라 이들을 조합하는 것이 더욱 효과적일 수 있습니다. 각 전략의 특성을 잘 이해하고 이를 적절히 배합하는 것은 더 나은 성과를 거둘 방법이 됩니다.

예를 들어, 고배당주와 배당 성장주를 함께 보유하는 전략은 안정적인 수익과 장기적인 자산 성장을 동시에 추구할 수 있습니다. 고배당주는 즉각적인 현금흐름을 제공하는 반면, 배당 성장주는 장기적인 자산 증식을 돕습니다. 이를 조합하면 안정성과 성장성을 동시에 추구할 수 있습니다.

또한, 고배당주와 배당 성장주에 커버드콜 ETF를 결합하는 방법도 유효합니다. 커버드콜 ETF는 시장 변동성을 활용해 추가적인 수익을 창출할 수 있기 때문에, 고배당주와 배당 성장주의 안정성을 강화하고, 동시에 시장의 변동성을 관리할 수 있습니다. 이 세 가지 전략을 적절히 조합하면, 각각의 장점을 살리면서도 리스크를 관리할 수 있습니다.

3.2 고배당주

고배당주는 높은 배당 수익률을 제공하는 기업들로, 주로 안정적인 현금흐름을 보유한 기업들이 많습니다. 고배당주는 투자자에게 꾸준한 현금흐름을 제공하는 매력적인 선택지입니다. 미국 시장에서 고배당주를 찾을 때는 금융, 유틸리티, 리츠(REITs) 등에서 많이 찾아볼 수 있습니다.

1. 대표적인 고배당주

① AT&T (T)

통신업계의 대표적인 고배당주로, 안정적인 현금흐름과 높은 배당금을 지급하는 기업입니다. AT&T는 장기적으로 안정적인 배당 수익을 원하는 투자자에게 매우 인기 있는 종목입니다.

② Verizon (VZ)

또 다른 통신업체로, 높은 배당 수익률을 제공합니다. Verizon은 지속적인 배당 지급과 함께 안정적인 현금흐름을 보유하고 있습니다.

③ Realty Income (O)

미국의 대표적인 리츠(REIT)로, 월별 배당금을 지급하는 독특한 방식을 채택하고 있습니다. "The Monthly Dividend Company"라는 별칭을 가진 Realty Income은 안정적인 배당금을 제공하는 고배당주로 유명합니다.

④ Exxon Mobil (XOM)

에너지 섹터에서 안정적인 배당을 제공하는 기업으로, 높은 배당 수익률과 함께 글로벌 에너지 기업으로서의 성장 가능성도 제공합니다.

2. 고배당주 투자 시 고려사항

① 배당금 지속 가능성

고배당주의 매력적인 배당금은 꾸준한 수익성과 현금흐름에서 나오지만, 지나치게 높은 배당금 지급 비율은 기업의 재정적 어려움을 유발할 수 있습니다. 예를 들어, Exxon Mobil과 같은 대기업은 안정적인 배당금을 지급하지만, 석유 가격이 급락하는 상황에서는 배당금을 조정할 가능성도 있습니다.

② 산업 특성

고배당주가 주로 있는 산업은 금융, 통신, 에너지, 리츠 등입니다. 각 산업의 경제적 상황에 따라 배당금 지급 능력에 차이가 있을 수 있음을 염두에 두어야 합니다.

3.3 배당 성장주

배당 성장주는 배당금을 꾸준히 증가시키는 기업들로, 장기적인 투자자에게 적합한 선택입니다. 배당 귀족(Dividend Aristocrats)과 배당 왕(Dividend Kings)은 이러한 배당 성장주 중에서 특히 뛰어난 성과를 보이는 기업들입니다. 이들 기업은 25년 이상의 기간 동안 매년 배당금을 증가시켜 온 기업들입니다.

1. 배당 왕(Dividend Kings)

배당 왕은 50년 이상 배당금을 늘려온 기업들로, 배당 귀족보다 더 오래 배당을 증가시킨 기업들입니다. 이들은 매우 안정적인 배당 지급 기업으로, 그중에서도 특히 뛰어난 기업들은 다음과 같습니다.

① **PepsiCo (PEP)**

50년 이상 배당금을 증가시킨 기업입니다. PepsiCo는 Coca-Cola와 함께 글로벌 음료 시장을 선도하고 있으며, 강력한 브랜드와 다양한 제품군을 보유하고 있습니다. 음료뿐만 아니라 스낵, 식품 분야에서도 강력한 입지를 자랑하며, 안정적인 배당 성장과 기업 성장을 동시에 기대할 수 있습니다.

② **Lowe's Cos Inc. (LOW)**

60년 이상 배당금을 증가시킨 기업입니다. Lowe's는 미국 내 2위의 홈 임프루브먼트(주택개선) 소매업체로, DIY 소비자와 전문가 고객 모두에게 다양한 건축자재와 생활용품을 제공합니다. 지속적인 수익 성장과 효율적인 운영 구조를 바탕으로 배당 성장을 이어가며, 경기 변화에도 강한 회복력을 보여주는 안정적인 투자처입니다.

③ **Altria Group Inc. (MO)**

50년 이상 배당금을 증가시킨 기업입니다. Altria는 Marlboro를 포함한 유명 담배 브랜드를 보유한 미국 내 대표적인 담배 기업으로, 높은 배당 수익률과 꾸준한 배당 증가로 투자자들에게 매력적인 수익을 제공합니다. 규제 환경 속에서도 수익성을 유지하며, 배당을 통한 주주 환원 정책을 지속하고 있습니다.

④ **Coca-Cola (KO)**

60년 이상 배당금을 늘려온 기업입니다. Coca-Cola는 안정적인 배당 성장과 함께 글로벌 브랜드 파워를 바탕으로 꾸준한 수익을 창출하고 있습니다. 전 세계적으로 사랑받는 음료 브랜드로, 특히 안정적인 수익 구조와 뛰어난 현금흐름을 기반으로 배당을 지속적으로 증가시키고 있습니다.

⑤ **Johnson & Johnson (JNJ)**

60년 이상 배당금을 증가시킨 대표적인 기업입니다. 제약, 의료기기,

소비재 분야에서 안정적인 수익을 올리고 있는 이 기업은 강력한 배당 성장 기업으로 평가받고 있습니다. 다양한 산업군에서 활발히 활동하며, 안정적인 수익원과 꾸준한 배당금 지급을 통해 투자자들에게 매력적인 선택을 제공합니다.

⑥ Procter & Gamble (PG)

60년 이상 배당금을 증가시켜 온 기업입니다. 소비재 시장에서 확고한 입지를 자랑하는 P&G는 지속적인 배당 증가뿐만 아니라, 강력한 브랜드와 글로벌 시장 점유율을 보유하고 있습니다. P&G는 안정적인 현금흐름을 바탕으로 배당금을 증가시켜 장기 투자자들에게 지속 가능한 수익을 제공합니다.

⑦ Walmart Inc. (WMT)

50년 이상 배당금을 증가시킨 기업입니다. Walmart는 세계 최대의 소매업체로서, 저렴한 가격과 방대한 유통망을 통해 글로벌 소비자들에게 필수재를 공급하고 있습니다. 안정적인 매출 구조와 현금흐름을 기반으로 배당금을 꾸준히 증가시키며, 경기 불황에도 강한 방어력을 보여주는 대표적인 배당 성장주입니다.

미국 배당 왕 Top 55 (2025년 6월 기준)

자료: dividendhike.com

순위	기업명	티커	주가 (USD)	배당 수익률	연간 배당금 지급액	배당 성향	연속배당 증가 연수	배당 성장률	시가 총액
1	American States Water Co.	AWR	$75.50	2.7%	$2.02	61.4%	71	5.2%	$2,907
2	Northwest Natural Holding Co	NWN	$40.11	4.9%	$1.96	68.1%	69	1.9%	$1,620
3	Dover Corp.	DOV	$176.05	1.2%	$2.06	21.8%	69	1.0%	$24,149
4	Genuine Parts Co.	GPC	$131.25	3.1%	$4.12	53.5%	69	5.0%	$18,257
5	Procter & Gamble Co.	PG	$151.08	2.8%	$4.23	62.5%	69	3.9%	$353,136
6	Parker-Hannifin Corp.	PH	$720.09	1.0%	$7.20	27.0%	69	10.0%	$91,877
7	Emerson Electric Co.	EMR	$143.49	1.5%	$2.11	35.5%	68	3.0%	$80,224
8	Cincinnati Financial Corp.	CINF	$148.04	2.4%	$3.48	63.3%	65	5.0%	$23,416
9	Colgate-Palmolive Co.	CL	$83.28	2.5%	$2.08	57.0%	64	3.0%	$67,373
10	Johnson & Johnson	JNJ	$170.87	3.0%	$5.20	47.9%	63	6.0%	$411,922
11	Coca-Cola Co	KO	$68.92	3.0%	$2.04	68.0%	63	5.0%	$296,781
12	Kenvue Inc	KVUE	$22.45	3.7%	$0.83	72.8%	63	2.7%	$42,584
13	Lowe's Cos., Inc.	LOW	$234.10	2.1%	$4.80	39.2%	62	8.1%	$131,036
14	The Marzetti Company	MZTI	$179.42	2.1%	$3.80	56.7%	62	6.0%	$4,949
15	Nordson Corp.	NDSN	$212.55	1.5%	$3.12	31.1%	61	10.0%	$12,006
16	Illinois Tool Works, Inc.	ITW	$252.95	2.4%	$6.00	58.0%	61	7.0%	$73,919
17	Farmers & Merchants Bancorp	FMCB	$1,060.00	1.8%	$18.60	14.9%	60	3.9%	$742
18	Hormel Foods Corp.	HRL	$28.25	4.1%	$1.16	72.5%	59	4.0%	$15,518
19	California Water Service Group	CWT	$46.88	2.6%	$1.20	51.1%	58	6.1%	$2,798
20	Tootsie Roll Industries, Inc.	TR	$38.23	0.9%	$0.36	28.6%	58	0.0%	$2,790
21	Stanley Black & Decker Inc	SWK	$67.93	4.9%	$3.32	71.4%	58	2.0%	$10,515
22	Stepan Co.	SCL	$49.87	3.1%	$1.54	48.1%	57	6.0%	$1,125
23	H2O America	HTO	$49.00	3.4%	$1.68	56.9%	57	6.0%	$1,756
24	ABM Industries Inc.	ABM	$46.51	2.3%	$1.06	28.4%	57	5.0%	$2,896
25	Federal Realty Investment Trust.	FRT	$92.00	4.8%	$4.40	61.5%	57	2.4%	$7,896

26	H.B. Fuller Company	FUL	$56.32	1.7%	$0.94	22.7%	56	5.0%	$3,040
27	Commerce Bancshares, Inc.	CBSH	$60.82	1.8%	$1.10	26.5%	56	6.0%	$8,114
28	Black Hills Corporation	BKH	$58.88	4.6%	$2.70	65.9%	55	5.0%	$4,290
29	Sysco Corp.	SYY	$80.05	2.6%	$2.06	47.1%	55	6.0%	$38,523
30	MSA Safety Inc	MSA	$177.75	1.2%	$2.12	25.9%	55	6.0%	$6,975
31	National Fuel Gas Co.	NFG	$87.30	2.5%	$2.14	31.0%	55	1.7%	$7,889
32	Altria Group Inc.	MO	$61.99	6.6%	$4.08	75.3%	55	4.2%	$104,335
33	Universal Corp.	UVV	$53.95	6.1%	$3.28	71.3%	55	1.0%	$1,320
34	PPG Industries, Inc.	PPG	$105.06	2.7%	$2.84	35.9%	54	6.1%	$23,699
35	Tennant Co.	TNC	$82.67	1.4%	$1.18	19.8%	54	6.0%	$1,543
36	Target Corp	TGT	$99.93	4.6%	$4.56	61.6%	54	5.6%	$45,341
37	Becton Dickinson & Co.	BDX	$179.50	2.3%	$4.16	29.3%	53	5.0%	$51,274
38	PepsiCo Inc	PEP	$139.45	4.1%	$5.69	69.7%	53	6.0%	$191,068
39	W.W. Grainger Inc.	GWW	$938.33	1.0%	$9.04	21.5%	53	6.0%	$44,880
40	Abbott Laboratories	ABT	$129.66	1.8%	$2.36	45.8%	53	7.0%	$226,138
41	Abbvie Inc	ABBV	$196.75	3.3%	$6.56	53.8%	53	4.0%	$348,348
42	Kimberly-Clark Corp.	KMB	$133.07	3.8%	$5.04	70.5%	53	3.0%	$44,173
43	Canadian Utilities Ltd.	CDUAF	$28.87	4.6%	$1.33	76.9%	53	2.4%	$0
44	Gorman-Rupp Co.	GRC	$41.87	1.8%	$0.74	35.2%	52	4.9%	$1,102
45	Nucor Corp.	NUE	$137.13	1.6%	$2.20	26.4%	52	12.7%	$31,608
46	S&P Global Inc	SPGI	$562.29	0.7%	$3.84	22.3%	52	8.0%	$171,890
47	Middlesex Water Co.	MSEX	$53.19	2.6%	$1.36	47.2%	52	8.9%	$957
48	Walmart Inc	WMT	$99.54	0.9%	$0.94	36.2%	52	5.0%	$794,770
49	RPM International, Inc.	RPM	$118.61	1.7%	$2.04	37.2%	51	7.0%	$15,225
50	Consolidated Edison, Inc.	ED	$105.10	3.2%	$3.40	60.7%	51	2.5%	$37,961
51	Fortis Inc.	FTS	$50.46	3.4%	$1.72	70.5%	51	4.5%	$25,200
52	United Bankshares, Inc.	UBSI	$35.78	4.1%	$1.48	45.5%	51	1.4%	$5,081
53	Automatic Data Processing Inc.	ADP	$303.40	2.0%	$6.16	61.6%	50	8.0%	$122,694
54	RLI Corp.	RLI	$66.78	1.0%	$0.64	21.0%	50	5.1%	$6,134
55	Archer Daniels Midland Co.	ADM	$54.56	3.8%	$2.10	52.0%	50	3.0%	$26,117

2. 배당 귀족(Dividend Aristocrats)

배당 귀족은 25년 이상 배당금을 증가시킨 기업들로, 안정적인 수익과 성장 가능성 때문에 투자자들 사이에서 매우 인기가 높습니다. 미국 주식시장에서 배당 귀족으로 알려진 대표적인 기업은 다음과 같습니다.

① Archer Daniels Midland Co. (ADM)

40년 이상 배당금을 증가시킨 기업입니다. ADM은 농업 및 식품 산업에서 주요한 기업으로, 다양한 농산물 가공 및 유통을 통해 안정적인 수익을 올리고 있습니다. 글로벌 공급망을 통해 안정적인 현금흐름을 창출하며, 배당금을 꾸준히 증가시켜 투자자들에게 신뢰를 주고 있습니다.

② Aflac Inc. (AFL)

40년 이상 배당금을 증가시킨 기업입니다. Aflac은 주로 보험업을 운영하며, 특히 생명보험과 건강보험 분야에서 강력한 입지를 자랑합니다. Aflac의 안정적인 수익 모델과 지속적인 배당 성장 덕분에 장기 투자자들에게 꾸준한 수익을 제공하고 있습니다. 일본 시장에서의 강력한 입지가 글로벌 수익원으로 작용하고 있습니다.

③ Exxon Mobil Corp. (XOM)

40년 이상 배당금을 증가시킨 기업입니다. Exxon Mobil은 세계 최대 규모의 에너지 기업 중 하나로, 석유 및 천연가스 탐사, 생산, 정제, 판매 등 에너지 산업 전반에 걸쳐 강력한 사업 구조를 갖추고 있습니다. 에너지 가격 변동성에도 불구하고 안정적인 현금 흐름을 바탕으로 배당을 지속적으로 증가시켜 왔으며, 장기적인 배당 성장과 자본 수익을 동시에 추구할 수 있는 종목입니다.

④ General Dynamics Corp. (GD)

28년 이상 배당금을 증가시킨 기업입니다. General Dynamics는 방위산업, 항공우주, 기술 관련 제품을 제조하는 대기업으로, 정부와의 계약을 통해 안정적인 수익을 창출하고 있습니다. 강력한 수익성과 함께, 배당금도 지속적으로 증가시키며 투자자들에게 꾸준한 수익을 제공합니다.

미국 대표 배당 귀족 top 25 (2025년 6월 기준)

자료: dividendhike.com

순위	기업명	티커	주가 (USD)	배당 수익률	연속 배당증가 연수	연간 배당금 지급액	배당 성장률	시가 총액
1	Automatic Data Processing Inc.	ADP	$303.40	2.0%	50	$6.16	8.0%	$122,694
2	Archer Daniels Midland Co.	ADM	$54.56	3.8%	50	$2.10	3.0%	$26,117
3	Pentair plc	PNR	$102.20	1.0%	49	$1.00	5.1%	$16,755
4	McDonald's Corp	MCD	$304.37	2.3%	48	$7.08	6.0%	$217,534
5	Clorox Co.	CLX	$124.65	4.0%	48	$4.96	3.0%	$15,307
6	Medtronic Plc	MDT	$89.70	3.2%	47	$2.84	5.0%	$114,853
7	Sherwin-Williams Co.	SHW	$347.85	0.9%	47	$3.16	10.0%	$86,731

순위	기업명	티커	주가 (USD)	배당 수익률	연속 배당증가 연수	연간 배당금 지급액	배당 성장률	시가 총액
8	Franklin Resources, Inc.	BEN	$25.13	5.1%	45	$1.28	4.0%	$13,047
9	Cintas Corporation	CTAS	$226.21	0.8%	43	$1.80	6.9%	$90,706
10	Aflac Inc.	AFL	$98.80	2.3%	43	$2.32	10.0%	$53,286
11	Air Products & Chemicals Inc.	APD	$287.49	2.5%	43	$7.16	4.0%	$63,980
12	Exxon Mobil Corp.	XOM	$107.47	3.7%	42	$3.96	1.0%	$457,745
13	Atmos Energy Corp.	ATO	$159.18	2.2%	41	$3.48	8.0%	$25,327
14	Brown-Forman Corp.	BF.B	$29.66	3.1%	41	$0.91	4.1%	$13,956
15	McCormick & Co., Inc.	MKC	$70.11	2.6%	39	$1.80	7.0%	$18,823
16	Cardinal Health, Inc.	CAH	$159.00	1.3%	39	$2.04	0.8%	$37,859
17	T. Rowe Price Group Inc.	TROW	$106.00	4.8%	39	$5.08	3.0%	$23,277
18	Chevron Corp.	CVX	$151.12	4.5%	38	$6.84	0.9%	$263,775
19	Erie Indemnity Co.	ERIE	$356.36	1.5%	35	$5.46	5.0%	$16,454
20	General Dynamics Corp.	GD	$311.98	1.9%	34	$6.00	6.0%	$84,136
21	West Pharmaceutical Services, Inc.	WST	$239.11	0.4%	33	$0.88	4.9%	$17,142
22	Ecolab, Inc.	ECL	$263.82	1.0%	33	$2.60	6.0%	$74,927
23	Roper Technologies Inc	ROP	$545.31	0.6%	32	$3.30	10.0%	$58,802
24	Chubb Limited	CB	$268.30	1.4%	32	$3.64	5.0%	$110,712
25	Linde Plc.	LIN	$466.35	1.3%	32	$6.00	7.0%	$230,036

3. 배당 성장주 투자 시 고려사항

① 기업 성장성

배당 성장주는 기업의 수익성이 높고, 현금흐름이 안정적이어야 합니다. 배당 성장 기업들이 배당금을 증가시키는 이유는 지속적인 수익 성장과 재무 안정성 때문입니다.

② 산업 변화와 경쟁

배당 성장주는 대개 산업에서 안정적인 입지를 구축한 기업들이 많지만, 산업 변화에 따라 성장성에 영향을 받을 수 있습니다. 예를 들어, Johnson & Johnson과 같은 의료 관련 기업들은 의료 정책 변화나 경쟁이 심화될 경우 영향을 받을 수 있습니다.

3.4 커버드콜 ETF

커버드콜 ETF는 콜옵션을 매도하여, 보유한 주식의 수익 외에도 옵션 프리미엄을 통해 추가적인 수익을 창출하는 ETF입니다. 이 전략은 변동성이 큰 시장에서 유리하며, 배당 수익과 옵션 프리미엄을 결합하여 수익을 높일 수 있습니다.

1. 대표적인 커버드콜 ETF

① Global X NASDAQ 100 Covered Call ETF (QYLD)

- 운용사: Global X
- 설명

Global X는 다양한 테마 및 전략 ETF를 제공하는 운용사로, 2008년에 설립되었습니다. 커버드콜 전략을 활용한 ETF뿐만 아니라 인공지능, 메타버스, 신재생 에너지 등 다양한 혁신적인 테마형 ETF를 출시하며, 투자자들에게 폭넓은 선택지를 제공합니다.

- ETF 설명

QYLD는 NASDAQ 100 지수에 포함된 주식들을 기반으로 커버드콜 전략을 수행하는 ETF입니다. QYLD는 주식에 대한 콜옵션을 매도하고, 이를 통해 추가적인 수익을 창출하며, 배당 수익도 꾸준히 지급합니다. 이 ETF는 옵션 프리미엄을 통해 지속적인 수익을 추구하며, 높은 배당을 제공하는 특성이 있습니다.

> 지난 1년간 배당: 약 2.45 USD (연간) (25년 기준)
> 배당 수익률: 약 12.50%
> 배당 지급 주기: 월배당

② Global X S&P 500 Covered Call ETF (XYLD)

- 운용사: Global X
- ETF 설명

XYLD는 S&P 500 지수의 종목을 대상으로 커버드콜 전략을 수행하는 ETF입니다. XYLD는 안정적인 배당 수익을 제공하면서도,

옵션 프리미엄을 통한 추가적인 수익을 추구할 수 있습니다. S&P 500의 대형주를 포함한 안정적인 자산군에 투자하면서도, 옵션 전략을 활용해 수익을 극대화하는 방식으로 투자자들에게 매력적인 선택이 됩니다.

> 지난 1년간 배당: 약 2.40 USD (연간) (25년 기준)
> 배당 수익률: 약 12.20%
> 배당 지급 주기: 월배당

③ **JPMorgan Equity Premium Income ETF (JEPI)**

- 운용사: J.P. Morgan Asset Management
- 설명

J.P. Morgan Asset Management는 세계적인 투자은행인 JPMorgan Chase의 자산 운용 부문으로, 오랜 역사와 강력한 리서치 역량을 바탕으로 다양한 투자 전략을 제공합니다. 전통적인 주식 및 채권 투자뿐만 아니라 옵션 전략을 활용한 ETF 상품도 운용하고 있습니다.

- ETF 설명

JEPI는 S&P 500 주식에 대해 커버드콜 전략을 사용하며, 주식과 옵션 프리미엄을 결합하여 높은 배당 수익을 제공합니다. JEPI는 배당금 지급과 함께 옵션 매도를 통해 추가적인 수익을 추구하며, 상대적으로 안정적인 투자처를 원하는 투자자들에게 매력적인 선택이 됩니다.

지난 1년간 배당: 약 4.72 USD (연간) (25년 기준)
배당 수익률: 약 7.30%
배당 지급 주기: 월배당

④ JPMorgan Nasdaq Equity Premium Income ETF (JEPQ)

- 운용사: J.P. Morgan Asset Management
- ETF 설명

　JEPQ는 NASDAQ 100 지수의 주식을 기반으로 커버드콜 전략을 수행하는 ETF입니다. 성장성이 높은 기술주 중심의 NASDAQ 100 종목에 투자하면서, 옵션 프리미엄을 활용하여 추가적인 수익을 창출합니다. 배당금 지급과 함께 커버드콜 전략을 통해 안정적인 현금흐름을 제공하며, 변동성이 큰 기술주에 대한 방어적인 접근 방식을 취할 수 있는 ETF입니다.

지난 1년간 배당: 약 5.38 USD (연간) (25년 기준)
배당 수익률: 약 10.10%
배당 지급 주기: 월배당

⑤ Global X S&P 500 Covered Call & Growth ETF (GPIX)

- 운용사: Global X
- ETF 설명

　GPIX는 S&P 500 지수의 종목을 대상으로 커버드콜 전략을 수행하는 동시에 성장주 투자를 결합한 전략을 사용합니다. GPIX는 주식에 대한 콜옵션을 매도하여 배당 수익을 추구하며, 성장주를 포함해 더 높은 자본 이득을 목표로 합니다. 이를 통해 투자자들에게 안정적인 배당과 성장 잠재력을 동시에 제공합니다.

> 지난 1년간 배당: 약 2.35 USD (연간) (25년 기준)
> 배당 수익률: 약 10.80%
> 배당 지급 주기: 월배당

⑥ Global X S&P 500 Covered Call ETF (GPIQ)

- 운용사: Global X
- ETF 설명

GPIQ는 S&P 500 지수의 종목을 기반으로 커버드콜 전략을 수행하는 ETF입니다. 이 ETF는 주식에 대한 콜옵션을 매도하여 추가적인 수익을 추구하며, 동시에 안정적인 배당 수익을 제공합니다. GPIQ는 안정적인 주식 투자와 옵션 프리미엄 수익을 결합하여, 투자자들에게 꾸준한 배당을 제공하고 있습니다.

> 지난 1년간 배당: 약 2.30 USD (연간) (25년 기준)
> 배당 수익률: 약 10.50%
> 배당 지급 주기: 월배당

⑦ ProShares UltraLong 20+ Year Treasury ETF (TLTW)

- 운용사: ProShares
- 설명

ProShares는 레버리지 및 인버스 ETF뿐만 아니라 다양한 옵션 전략을 활용한 ETF를 제공하는 글로벌 운용사입니다. 특히, 국채, 주식, 원자재 등의 다양한 자산군을 활용한 ETF 상품을 운용하며, 기관 및 개인 투자자들에게 인기 있는 상품을 보유하고 있습니다.

- ETF 설명

　TLTW는 20년 이상의 장기 국채를 기반으로 커버드콜 전략을 수행하는 ETF입니다. 이 ETF는 장기 국채의 가격 상승과 함께 콜옵션을 매도하여 추가적인 수익을 창출하며, 안정적인 배당 수익을 제공합니다. TLTW는 장기적으로 안전한 자산에 대한 투자와 추가적인 수익을 원하는 투자자에게 적합한 선택입니다.

> 지난 1년간 배당: 약 1.88 USD (연간) (25년 기준)
> 배당 수익률: 약 6.60%
> 배당 지급 주기: 월배당

3.5　커버드콜 ETF 투자 시 고려사항

1. 배당 수익과 옵션 프리미엄의 결합 및 상승 제한

　커버드콜 ETF는 배당과 옵션 프리미엄을 결합하여 수익을 추구하는 독특한 투자 전략을 사용합니다. 배당은 기업이 주주들에게 일정한 현금 수익을 지급하는 안정적이고 예측 가능한 수익원입니다. 옵션 프리미엄은 주식에 대해 콜옵션을 매도함으로써 얻는 수익으로, 투자자가 주식의 상승을 제한하는 대신 추가적인 이익을 얻는 방식입니다. 콜옵션을 매도함으로써 주식 가격이 일정 수준을 초과하지 않으면, 옵션 매도자는 프리미엄을 받을 수 있습니다.

옵션 프리미엄은 특히 변동성이 큰 시장에서 유리한 특성을 보입니다. 주식 가격이 크게 변동할 때, 옵션 프리미엄은 상당히 높아질 수 있으며, 이를 통해 안정적인 수익을 창출할 수 있습니다. 이러한 전략은 시장의 불확실성이나 하락에 대한 위험을 헤지[3]하는 데 도움을 주고, 투자자가 안정적 수익을 추구할 수 있게 합니다. 배당은 꾸준한 현금흐름을 제공하고, 옵션 프리미엄은 그 수익을 추가로 보완해 줍니다.

하지만 커버드콜 전략에서 주의해야 할 점은 주식 상승 제한입니다. 옵션 매도를 통해 얻는 프리미엄은 주식의 상승 잠재력을 일부 제한하는 효과가 있습니다. 즉, 콜옵션을 매도한 주식은 특정 가격 이상으로 상승할 경우, 그 이상의 이익은 얻지 못하게 됩니다. 예를 들어, 주식의 가격이 콜옵션에서 설정된 행사가격을 초과할 경우, 주식의 상승이 제한되며, 그 이상의 상승분은 옵션 매수자에게 주어집니다. 이로 인해 커버드콜 전략을 사용하면 주식이 급격하게 상승할 경우 수익을 최대화할 수 없다는 상승 제한이 발생합니다.

이 제한은 주식 상승을 기대하는 투자자에게는 단점이 될 수 있지만, 반대로 상승이 크지 않거나 보합세가 지속될 것으로 예상되는 시장에서는 매우 유리하게 작용합니다. 옵션 프리미엄은 그 자체로 안정적인 수익

---

[3] 헤지(hedge): 현물가격의 변동으로 발생할 수 있는 손실을 줄이기 위해 선물이나 옵션 등으로 시장에서 현물과 반대되는 포지션을 가지는 것

원 역할을 하며, 배당과 함께 투자자의 총수익을 보강합니다. 따라서 배당과 옵션 프리미엄의 결합은 안정적이고 예측 가능한 수익을 추구할 수 있는 전략이지만, 주식의 상승 잠재력이 제한된다는 점을 명확히 이해하고 투자 결정을 내려야 합니다.

고배당주, 배당 성장주, 커버드콜 ETF는 각각의 특성과 전략이 다르므로, 자신의 투자 목표와 리스크 수용 능력에 맞는 주식이나 ETF를 선택하는 것이 중요합니다. 이를 통해 안정적인 수익을 추구하며, 장기적인 자산 증식을 이룰 수 있습니다.

네이르의 투자 노트

안전한 투자를 위해 배당 왕, 배당 귀족에 투자하실 때는 배당 성향, 지난 5년간의 배당 성장, 시가총액, 배당률 등을 파악하는 것이 중요합니다. 개인적인 지표를 만들어 본인만의 투자 회사를 정한 다음 투자한 회사의 재무제표를 분기별 실적 발표 때 꼭 확인하시기를 바랍니다. 만약 본인이 설정한 기준에 부합하지 않을 때는 과감하게 종목변경이 필요할 수도 있습니다.

배당 투자의 4가지 장점

- 현금흐름의 힘

배당 투자는 단순히 주식이나 자산을 보유하는 것 이상의 가치를 제공하는 강력한 전략입니다. 이는 자산 증식의 중요한 수단일 뿐만 아니라, 경제적 자유를 실현하고, 시장 변동성에 대한 방어력을 강화하는 등 여러 장점을 제공합니다. 특히 배당을 꾸준히 지급하는 기업들은 일반적으로 재무적으로 안정적이며, 주식 가격의 변동성과 관계없이 일정한 수익을 투자자에게 제공합니다. 이 장에서는 배당 투자가 가진 다양한 장점들을 세밀하게 설명하며, 그 효과성을 심도 있게 다루어보겠습니다.

4.1 수동적 소득 창출

배당 투자는 수동적 소득(passive income)을 창출하는 매우 효율적인 방법입니다. 일반적인 근로 소득은 노동을 통해 얻어야 하지만, 배당금은 투자자가 자금을 배분해 두면 특별한 노력 없이도 꾸준히 발생합니다. 이러한 특성 덕분에 배당금은 장기적인 재정 계획을 세우고 경제적 자유를 실현하는 데 중요한 기반이 됩니다. 배당금을 통해 얻는 소득은 투자자가 일하지 않아도 발생하는 수익이기 때문에, 이를 적절히 관리하면 누구나 일정 기간 후 경제적 자유를 이룰 수 있습니다.

1. 수동적 소득의 핵심 장점

① 경제적 자유(Financial Freedom) 실현

배당금을 통해 얻는 소득은 노동과는 무관하게 발생하는 수익이므로, 투자자가 일정 수준의 배당 수익만 확보하면 경제적 자유를 실현할 수 있습니다. 예를 들어, 연간 생활비가 약 5만 달러(한화 약 7천만 원)인 사람이 있다고 가정해 보겠습니다. 이 경우 4%의 배당 수익률을 유지하는 포트폴리오를 마련한다면, 약 125만 달러(한화 약 17억 원)의 투자금으로 생활비 전액을 배당금만으로 충당할 수 있습니다. 경제적 자유는 부자나 자산가만의 특권이 아니라, 누구나 배당 투자라는 전략을 통해 실현할 수 있는 현실적인 목표입니다. 투자 초기에는 시간이 조금 걸릴 수 있지만, 지속적으로 안정적인 수익을 축적하면 점차 더 많은 재정적 자율성을 얻을 수 있습니다.

② 은퇴 후 생활비 보조

은퇴 후에는 정기적인 급여가 없기에, 지속적인 현금흐름을 확보하는 것이 무엇보다 중요합니다. 배당주는 은퇴 후에 필요한 현금흐름을 제공할 수 있는 강력한 수단입니다. 예를 들어, Johnson & Johnson (JNJ), Procter & Gamble (PG), Coca-Cola (KO) 등과 같은 배당 성장주는 은퇴자들에게 안정적이고 지속적인 수익을 제공합니다. 이러한 기업들은 매년 배당금을 증가시키는 특성이 있으며, 은퇴 후에도 일정한 현금흐름을 보장하여 투자자들에게 금전적인 안정을 제공합니다. 또한, 이러한 배당 성장주는 주가 상승 잠재력도 함께 제공하므로, 은퇴 후에도 자산이 지속적으로 증대할 기회를 제공합니다.

③ **시간과 노력 절약**

부동산 투자와 같은 다른 자산 투자 수단에 비해, 배당 투자는 관리가 간단하고 수익 창출을 위한 추가적인 노력 없이도 자산을 증식할 수 있습니다. 예를 들어, 부동산 투자에는 **임대료 납입, 관리비, 유지보수** 등 많은 관리 작업이 필요하지만, 배당주는 관리 부담이 적고 추가 비용 없이 꾸준한 수익을 창출할 수 있습니다. 투자자는 자신이 선택한 배당주식이나 ETF에 자금을 배분한 후, 그 자산에서 나오는 배당금을 기다리기만 하면 됩니다. 이러한 특성 덕분에 배당 투자는 바쁜 일정을 가진 사람이나, 투자에 소극적인 사람들에게도 매우 적합한 선택이 될 수 있습니다.

④ **월배당 주식과 ETF 활용**

배당금 지급 주기는 다양하지만, 월배당 주식이나 ETF를 활용하면 더 자주 배당금을 받을 수 있어 수동적 소득을 빠르게 축적할 수 있습니다. Realty Income (O) 와 같은 월배당 리츠(REIT)는 매달 일정한 배당금을 지급하는 대표적인 예입니다. Global X SuperDividend ETF (SDIV) 같은 ETF는 전 세계 고배당 주식에 투자하며 월배당을 제공하여, 매월 안정적인 현금흐름을 확보할 수 있게 도와줍니다. 이를 통해 투자자는 매달 일정한 금액을 배당금으로 받을 수 있어, 보다 원활하게 수동적 소득을 창출할 수 있습니다.

4.2 시장 변동성 대비 안정성

배당주는 일반적으로 시장 변동성에 덜 민감한 특성을 보이며, 특히 경기 침체나 불확실성이 큰 시기에도 꾸준히 투자자들에게 안정적인 수익을 제공합니다. 주식시장의 변동성은 누구도 예측할 수 없으며, 급격한 하락은 투자자들에게 큰 불안감을 줄 수 있습니다. 그러나 배당주는 그런 불안 요소를 상당히 낮출 수 있는 유용한 투자 방식입니다.

배당주의 안정성이 중요한 이유

① 배당주는 하락장에서 방어적 역할 수행

주식시장은 언제든지 하락할 수 있으며, 하락장에서는 많은 기업들이 배당금을 줄이거나 아예 지급하지 않기도 합니다. 하지만 배당을 꾸준히 지급하는 기업들은 하락장에서도 일정한 현금흐름을 제공하기 때문에 투자자들에게 안정적인 수익을 제공합니다. 예를 들어, 2008년 글로벌 금융위기 당시, S&P 500의 많은 기업의 주가가 급락했지만, Coca-Cola (KO), PepsiCo (PEP), Johnson & Johnson (JNJ) 등은 배당금을 줄이지 않고 지속적으로 지급하며 투자자들에게 안정성을 제공했습니다. 배당금을 지급하는 기업들은 어려운 시기에도 일정한 수익을 제공하므로, 하락장에서 방어적인 역할을 합니다.

② 배당은 장기적인 수익률 안정화에 기여

주식시장의 총수익률은 주가 상승과 배당의 합으로 이루어집니다. 배당을 꾸준히 지급하는 기업들은 일반적으로 재무 상태가 탄탄하고 장기적인 성장 가능성이 높습니다. 배당금은 주가가 일시적으로 하락하더라도, 주식 보유자에게 안정적인 수익을 제공하며, 이를 통해 장기적인 수익률을 안정적으로 유지할 수 있습니다. 또한 배당을 받는 투자자는 장기적으로 배당금을 재투자하여 더 많은 주식을 확보할 수 있기에, 장기적으로 강력한 수익을 실현할 수 있습니다.

③ 배당 성향이 높은 산업군의 특징

배당을 꾸준히 지급하는 산업군은 대체로 경기 침체에도 비교적 안정적인 실적을 유지하는 경향이 있습니다. 특히 필수 소비재(Consumer Staples), 헬스케어(Healthcare), 유틸리티(Utilities),

리츠(REITs) 같은 산업군은 경기 불황에도 비교적 수요가 안정적입니다. 예를 들어, Coca-Cola (KO), Procter & Gamble (PG), Walmart (WMT) 와 같은 필수 소비재 기업들은 경기 불황에도 그 수요가 줄어들지 않기 때문에 안정적인 실적을 유지합니다. 이들 기업은 소비자들이 필요로 하는 제품을 제공하므로 경제적 불확실성이 커도 꾸준한 수익을 창출할 수 있습니다.

④ **배당 재투자를 통해 하락장에서 추가 매수 가능**

배당금을 재투자하면, 주가가 하락할 때 저렴한 가격에 더 많은 주식을 매수할 수 있습니다. 배당금을 재투자하여 장기적으로 더 많은 주식을 보유하게 되면, 주식 가격이 상승할 때 더 많은 이익을 얻을 수 있습니다. 하락장에서 배당금을 재투자하는 방식은 자산 증식의 또 다른 중요한 방법입니다. 이를 통해 장기적으로 포트폴리오가 강화되고, 주식시장의 회복에 따른 수익을 극대화할 수 있습니다.

4.3 복리 효과

복리 효과(compounding effect)는 수익이 다시 투자되어 새로운 수익을 창출하는 방식입니다. 이는 시간이 지날수록 수익이 기하급수적으로 증가하는 원리로, 배당 재투자를 통해 복리 효과를 극대화할 수 있습니다. 배당 투자의 복리 효과는 단순히 이익을 얻는 것이 아니라, 시간이 지날수록 더 많은 주식에서 배당 받는 구조를 만들며 자산을 증대시킵니다.

[배당 복리 효과 예시]

- 100만 원을 4% 배당 수익률의 주식에 투자하는 경우

  첫해: 100만 원 × 4% = 4만 원 배당 수익

  두 번째 해: (100만 원 + 4만 원) × 4% = 4만 1,600원 배당 수익

  세 번째 해: (104만 원 + 4만 1,600원) × 4% = 4만 3,264원 배당 수익

- 배당 재투자를 활용한 장기 수익률

  S&P 500 지수의 연평균 수익률이 7%라고 가정할 때, 배당을 받기만 하는 투자자보다 배당을 재투자하는 투자자의 최종 자산가치는 2배 이상 차이가 날 수 있습니다. Vanguard Dividend Appreciation ETF (VIG) 나 SCHD와 같은 배당 성장 ETF는 배당 재투자를 통해 복리 효과를 극대화할 수 있는 유용한 투자 선택이 될 수 있습니다.

4.4 배당 투자의 심리적 안정감

배당주는 투자자들에게 심리적인 안정감을 제공합니다. 시장이 변동성이 클 때, 배당금을 받는 것은 투자자에게 안정적인 현금흐름을 제공합니다. 일정한 배당금은 투자의 불확실성을 줄이고, 시장의 단기적 변동성에 대한 불안감을 해소하는 데 중요한 역할을 합니다. 배당금은 매달 혹은 분기마다 정해진 금액이 지급되므로, 장기적인 투자 계획을 세운 투자자에게 중요한 심리적 안정감을 제공합니다.

배당 투자는 이러한 장점들을 통해 장기적인 재정적 안정성을 구축하는 데 매우 효과적인 전략입니다.

네이르의 투자 노트

배당 투자는 숫자라기보다는 리듬을 타는 것 같습니다. 주식시장이 흔들려 방어주들도 하락하는 시기엔 매달 들어오는 현금이 저를 불안감에서 해방했습니다. 어려운 시기에 배당금이 들어오면 싼 가격에 배당주를 매수해서 평균 매수 단가를 낮출 수 있고 수량도 늘릴 수 있기 때문입니다. 꾸준한 현금 흐름은 투자자의 멘탈을 지켜주고, 시장을 바라보는 시선을 달리할 수 있게 해줍니다.

 5장 배당에도 함정은 있다

― 주의해야 할 리스크

배당 투자는 분명 매력적인 투자 방식입니다. 매달 혹은 분기마다 현금흐름이 들어온다는 사실은 많은 투자자에게 안정감을 제공하고, 복리의 힘을 실현할 수 있는 실질적인 수단이 되어왔습니다. 하지만 배당 투자라고 해서 항상 긍정적인 면만 존재하는 것은 아닙니다. 장기적인 부의 축적을 꿈꾸는 투자자일수록, 그 이면에 감춰진 단점과 함정을 명확히 인지하고 접근할 필요가 있습니다.

5.1 배당의 함정

1. 배당이 곧 수익은 아니다

많은 초보 투자자들이 "배당 = 이익"이라는 단순한 등식으로 착각합니다. 기업이 배당금을 지급한다고 해서 무조건 좋은 기업이었던 것은 아니었고, 배당이 많다고 해서 투자 수익률이 높았던 것도 아니기 때문입니다. 배당은 결국 기업의 내부 유보금을 주주에게 현금으로 나누어주는 행위일 뿐입니다. 이는 곧 그만큼의 자본이 기업 내부에서 빠져나갔다는 것을 의미합니다. 배당금을 지급하고 나면 기업의 주가는 배당만큼 하락하고(이를 '배당락'이라 합니다), 따라서 단기적으로는 실질적인 수익 증가가 없습니다. 예를 들어 1주에 100달러이던 주식이 3달러의 배당금을 지급했다면, 배당락 이후 주가는 이론상 97달러로 조정됩니다. 다시 말해, 단순히 배당을 많이 받는 것이 투자 수익을 극대화하는 길이 아니었다는 사실을 명확히 이해할 필요가 있습니다.

2. 과도한 고배당 종목은 함정일 수 있다

배당 수익률이 10%, 20%, 심지어 30%에 달하는 종목들이 시장에 등장한 적이 있었습니다. 표면적으로 매우 매력적인 투자처럼 보였지만, 이러한 고배당주는 대부분 지속 가능성에 의문이 따랐습니다. 배당금은 결국 기업의 실적에서 나왔고, 만약 실적이 부진하거나 현금흐름이 불안정한 상태에서 무리하게 배당을 유지하거나 늘린다면, 이는 장기적으로 기업의 재무 건전성을 해치기 때문입니다. 대표적인 예가 일부 커버드 콜 ETF나 고배당 리츠(REITs)입니다. 이들은 배당을 유지하기 위해 포트폴리오의 자산을 매도하거나 추가적인 레버리지를 사용하는 방식으로 고배당을 실현하기도 합니다. 겉으로는 매력적인 배당률처럼 보이지만, 자본 손실이 발생한다면 배당의 의미는 퇴색됩니다. 결국 고배당은 '보상'이 아닌 '리스크의 반영'일 수 있습니다.

3. 세금과 환율의 이중 리스크

해외 배당 투자, 특히 미국 주식의 경우 세금과 환율이라는 이중의 장벽이 존재합니다. 미국 주식의 배당금에는 기본적으로 15%의 원천 징수세가 적용됩니다. 여기에 한국 내에서 금융소득종합과세 대상이 된다면 최대 49.5%까지 세금이 부과될 수 있습니다. 또한 원달러 환율이 하락할 경우, 배당금의 원화 환산 가치는 낮아지게 됩니다. 예를 들어 1달러 = 1,400원이던 환율이 1,200원으로 떨어지면, 같은 100달러 배당금의 원화 가치는 14만 원에서 12만 원으로 줄어들게 됩니다. 배당금이 매달 혹은 분기마다 나오기 때문에 환율 변동성이 투자 수익에 미치는 영향은 생각보다 커지게 됩니다. 이러한 점에서 환헤지를 고려하거나, 배당금 수령 후 재투자 시점을 조정하는 전략적 접근이 필요합니다.

4. 배당이 기업 성장성을 제한할 수도 있다

성장주와 배당주의 가장 큰 차이는 자본의 활용 방식에 있습니다. 성장주들은 대부분 배당금을 지급하지 않고, 벌어들인 이익을 내부 유보하거나 신규 사업에 재투자합니다. 반면 배당주는 일정 수익을 주주에게 배당금 형태로 지급했기 때문에 그만큼 성장 여력이 낮아집니다. 이는 특히 고정된 배당 성향(Payout Ratio)이 있는 기업일수록 두드러지며, 장기적으로는 기업의 가치 상승이 제한될 가능성도 존재합니다. 배당이 일정하게 유지되더라도, 주가 상승이 더딘 경우 전체 수익률이 기대보다 낮아지게 됩니다. 배당만을 목표로 포트폴리오를 구성할 경우, 자칫하면 성장 기회를 놓칠 위험이 있습니다.

5. 심리적 안일함과 관리 소홀

배당주는 심리적으로 '안정적'이라는 인식을 주었기 때문에, 일부 투자자들은 포트폴리오를 장기간 점검하지 않는 실수를 범하게 됩니다. 특히 ETF나 리츠에 투자할 경우, 운용사의 전략 변경이나 시장 상황 변화에도 불구하고 과거의 성과만을 믿고 그대로 유지하는 경우가 많습니다. 하지만 어떤 투자 상품도 '영원히 안전한' 것은 없습니다. 배당 성향, 섹터 흐름, 금리 변화 등 다양한 외부 요인이 수익률에 영향을 주게 됩니다. 실제로 한동안 안정적 배당을 유지하던 기업이 갑작스레 무배당으로 전환하거나, 실적 악화로 배당을 중단한 사례도 적지 않습니다. 배당 투자야말로 정기적인 리뷰와 점검이 꼭 필요한 전략입니다.

6. 배당 재투자의 착시도 존재

많은 투자자가 배당금을 재투자하는 과정에는 여러 변수가 존재하게 됩니다. 우선 소액 배당금으로 인해 원하는 ETF나 주식을 한 주 단위로 매수하기 어렵고(증권사를 통해 쪼개기 투자가 가능), 거래 수수료 및 환전 비용이 발생하기도 합니다. 특히 배당금이 적으면 이 금액을 바로 재투자하기 어려워, 현금이 쌓이기만 하고 실제 효과는 반감됩니다. 또한 타이밍에 따라 높은 가격에 재매수하게 되면 오히려 평균 매입 단가가 올라가 수익률을 저해할 수 있습니다. 자동화된 배당 재투자 시스템(DRIP: Dividend Reinvestment Plan)이 없는 경우, 재투자 전략은 생각보다 비효율적일 수 있다는 점도 고려해야 합니다.

| 결론 |

배당 투자는 단기 수익보다는 장기적이고 전략적인 접근이 요구되는 방식입니다. 단점과 리스크를 명확히 인식한 상태에서 계획을 수립하고, 꾸준한 점검과 리밸런싱을 병행한다면 배당 투자는 자산 증식의 든든한 축이 될 수 있습니다. 다음은 몇 가지 유의점을 예시로 들어가며 이야기해 보겠습니다.

5.2 높은 배당금을 지급하는 기업의 위험

1. 배당 삭감(Dividend Cut)의 위험

배당 삭감이란 기업이 지급하던 배당금을 줄이거나 아예 중단하는 것을 의미합니다. 기업이 배당을 계속 지급하려면 수익을 꾸준히 내야 하지만, 실적이 악화하거나 재정적으로 어려움을 겪으면 배당을 유지하기 힘들어집니다. 'GE'와 'AT&T' 두 기업은 대표적인 배당 삭감 사례로 자세한 데이터와 해설은 뒤에 나오는 '4부 5장: 이들은 어떻게 성공했는가'에서 다루도록 하겠습니다.

2. 배당 성향(Payout Ratio)과 재무 안정성

배당 성향은 기업이 벌어들인 순이익 중에서 배당금으로 지급하는 비율을 뜻합니다.

- **배당 성향 30~70%**: 이상적인 수준. 배당을 안정적으로 유지 가능.
- **배당 성향 70~80%**: 배당은 유지되지만, 기업 성장 투자 여력이 줄어들 수 있음.
- **배당 성향 80% 이상**: 위험 신호. 배당을 줄이거나 중단할 가능성이 높음.

5.3 세금 이슈

1. 미국 배당 소득세와 외국인 투자자 세금

미국 주식에서 받는 배당금에는 15%의 세금(원천 징수세)이 부과됩니다.

- 미국 투자자: 배당세율이 0%, 15%, 20%로 소득에 따라 다름.
- 한국 투자자: 미국 주식 배당을 받을 때 15%의 세금이 자동으로 원천 징수됨.

예를 들어,

코카콜라(KO) 주식에서 100달러의 배당을 받는다면, 15달러(15%)가 세금으로 자동 공제되어 실제로 받는 금액은 85달러가 됩니다.

- 세금 절감 방법

  세금 우대 계좌(미국의 IRA, Roth IRA 등)를 활용하면 배당 소득세를 절감 가능.

  배당보다 자사주 매입(Share Buyback)을 선호하는 기업에 투자하면 세금 부담이 줄어듦.

- 자사주 매입(Share Buyback)이란?

  기업이 시장에서 자기 회사 주식을 다시 사들이는 것을 의미합니다. 자사주 매입을 하면 주당 순이익(EPS)이 증가하고, 주가가 상승할 가능성이 높아지지만, 배당처럼 세금을 내지 않아도 되므로 장점이 있습니다.

- 배당보다 자사주 매입을 선호하는 대표적인 기업

  애플(AAPL), 구글(GOOGL), 버크셔 해서웨이(BRK.B)

① 애플(AAPL)

애플은 자사주 매입을 매우 적극적으로 활용하는 기업 중 하나입니다. 애플의 자사주 매입은 주주에게 배당금을 지급하는 것과 더불어 자사주를 매입해 주가를 부양하는 중요한 전략으로 자리 잡고 있습니다.

- 주요 사례
- 2012년 시작: 애플은 자사주 매입을 2012년부터 본격적으로 시작했습니다. 당시 애플은 현금 보유액이 많이 늘어나면서 자사주 매입을 통해 여유 자금을 활용하기로 했습니다.
- 2018년: 애플은 1,000억 달러 규모의 자사주 매입 프로그램을 발표하며 주목을 받았습니다. 이 프로그램은 자사주 매입을 통해 주주 가치를 증대시키는 전략으로 큰 효과를 봤습니다.
- 2020년: 애플은 700억 달러 규모의 자사주 매입을 단행했습니다. 애플의 자사주 매입은 지속적으로 이루어졌고, 그 결과 애플의 주가는 꾸준히 상승했습니다.
- 2021년 4분기: 애플은 900억 달러 규모의 자사주 매입을 진행하며, 한 해 동안 자사주 매입으로 주가 부양을 목표로 했습니다.

- 자사주 매입 효과
- 주가 상승: 애플은 자사주 매입을 통해 주식 수를 줄여서 주당 가치가 증가하게 했습니다. 자사주 매입으로 주식 수가 줄어들면, 동일한 이익을 가진 기업이 주당 이익(EPS)을 증가시키는 효과가 나타납니다. 이는 주가 상승으로 이어졌습니다.

- **주주 가치 증대:** 애플은 2012년부터 자사주 매입을 시작해 현재까지 지속적으로 매입을 이어갔으며, 그 결과 주가는 지속적인 상승세를 보였습니다. 예를 들어, 2019년부터 2022년까지 애플은 약 5,000억 달러 규모의 자사주 매입을 단행하였고, 그로 인해 주가는 2배 이상 상승하였습니다.
- **현금 보유액 활용:** 애플은 막대한 현금 보유액을 자사주 매입과 배당금 지급에 활용하여 주주들에게 가치를 돌려주었으며, 이를 통해 주식의 안정성을 높이는 효과를 가져왔습니다.

- 실제 효과

애플의 자사주 매입은 주당 배당금 증가와 함께 주주 가치를 높였으며, 2020년부터 자사주 매입을 통해 애플 주가는 100% 이상 상승하는 성과를 거두었습니다.

② **구글(Alphabet, GOOGL)**

구글의 모회사인 알파벳(Alphabet)은 자사주 매입을 꾸준히 진행해왔습니다. 자사주 매입은 알파벳이 주가 가치를 부양하고 주주들에게 가치를 환원하는 중요한 방법의 하나로 사용되고 있습니다.

- 주요 사례
- **2019년:** 알파벳은 자사주 매입을 2019년 3분기부터 본격적으로 시작했습니다. 당시 알파벳은 250억 달러 규모의 자사주 매입 프로그램을 발표했으며, 이 매입은 향후 3년간 진행될 예정이었

습니다.
- 2020년: 알파벳은 250억 달러를 추가로 자사주 매입에 사용할 것이라고 발표했습니다. 이는 자사주 매입을 통해 주주 환원 정책을 강화하는 전략의 일환으로 볼 수 있습니다.
- 2021년: 알파벳은 자사주 매입을 350억 달러 규모로 확대하기로 했습니다. 자사주 매입은 알파벳의 재무 상태를 안정적으로 유지하면서 주주 가치를 증대시키기 위한 중요한 수단으로 활용되었습니다.

- 자사주 매입 효과
- 주가 부양: 구글은 2019년부터 자사주 매입을 본격적으로 시작했으며, 자사주 매입을 통해 주식 수를 줄여 주당 이익을 높였고, 이에 따라 주가가 부양되었습니다. 구글의 자사주 매입은 주식 가치를 부각하고 투자자들에게 더 많은 가치를 전달하는 전략이었습니다.
- 자본 구조 개선: 자사주 매입은 구글이 현금 유동성이 풍부한 상태에서 여유 자금을 활용하여 자본 구조를 개선하는 방법으로 사용되었습니다. 자사주 매입은 현금을 효율적으로 사용하는 방법 중 하나로, 투자자에게 안정적인 수익을 제공했습니다.
- 주주 신뢰 증가: 자사주 매입은 회사가 자사 주식의 가치를 믿고 있다는 신뢰를 주는 효과가 있으며, 이를 통해 주주들의 신뢰도와 시장에서의 평판을 높이는 데 기여했습니다.

- 실제 효과

  구글은 자사주 매입을 통해 주가 상승과 EPS[4] 증가 효과를 얻었으며, 자사주 매입 발표 후 주가는 즉각적인 긍정적인 반응을 얻었습니다.

③ 버크셔 해서웨이(BRK.B)

  버크셔 해서웨이는 워런 버핏이 이끄는 투자회사로, 자사주 매입을 적극적으로 활용해 주주 가치를 증대시키는 기업입니다. 버크셔 해서웨이는 자사주 매입을 자산 운용 전략의 중요한 부분으로 삼고 있습니다.

- 주요 사례

  - 2011년: 버크셔 해서웨이는 처음으로 자사주 매입을 시작했습니다. 당시 버크셔는 자사주 매입을 통해 자산가치를 증대시키고, 자사의 주식이 과소평가되었음을 나타내기 위해 자사주 매입을 시작했습니다.
  - 2018년: 버크셔는 100억 달러 규모의 자사주 매입을 발표했으며, 이는 주주 가치를 증대시키는 중요한 결정이었습니다.
  - 2020년: 버크셔는 242억 달러 규모의 자사주 매입을 단행했으며, 이는 버크셔의 자사주 매입의 역사상 가장 큰 규모였습니다.
  - 2021년: 버크셔는 자사주 매입을 약 250억 달러 규모로 확대했습

---

4 EPS(Earnings Per Share): 주당 순이익. 기업의 이익을 발행 주식 수로 나눈 지표

니다. 워런 버핏은 주주들에게 자사주 매입이 주식 가치를 증대시키는 유효한 방법이라고 계속해서 강조해왔습니다.

- **자사주 매입 효과**
- **주주 가치 증대:** 워런 버핏은 자사주 매입을 주주 가치 증대의 수단으로 활용해왔습니다. 자사주 매입을 통해 주식 수가 줄어들면 주당 순이익이 증가하고, 이는 주식 가치 상승으로 이어집니다. 또한, 저평가된 상태의 자사주를 매입함으로 인해서 장기적인 투자 가치를 높이는 효과를 거두었습니다.
- **주식 가치를 낮게 유지:** 버크셔는 주가가 과소평가되었을 때 자사주 매입을 확대하여 저평가된 주식을 활용하는 전략을 취해왔습니다. 이는 주가가 장기적으로 상승할 때 더 큰 이익을 거둘 수 있도록 만들었습니다.
- **주가 안정화:** 자사주 매입은 주가의 단기적인 변동성을 완화하고, 장기적인 주가 상승을 위한 안정적인 기반을 마련하는 데 효과적이었습니다.

- **실제 효과**

  버크셔는 자사주 매입을 통해 주가의 안정화와 함께 가치 상승을 끌어내었으며, 2020년과 2021년의 자사주 매입은 주가 상승에 기여했습니다. 또한, 자사주 매입을 통해 1주당 순이익의 증가 효과를 가져왔습니다.

④ **자사주 매입의 종합적인 효과**

- 주식 수 감소 ⋯▶ 주당 이익 증가

  자사주 매입은 기본적으로 주식 수를 줄여 주당 이익을 증가시키며, 이는 주가 상승으로 이어집니다.

- 주주 가치 증대

  자사주 매입은 주주들에게 현금으로 돌아가는 배당금과 비슷한 효과를 주며, 주주들에게 가치를 환원하는 방식입니다.

- 시장 신뢰도 증가

  자사주 매입은 회사가 자신의 주식 가치를 신뢰하고 있다는 메시지를 투자자들에게 전달하며, 주식시장에서의 신뢰도를 높이는 효과가 있습니다.

- 주가 부양

  자사주 매입은 주가 하락 시 주식을 매입함으로써 주가를 부양하는 효과를 볼 수 있습니다.

5.4 리스크 분산의 중요성

1. 단일 기업 집중 투자 위험

배당주라도 특정 기업에 집중적으로 투자하면 예상치 못한 위험에 노출될 수 있습니다.

- 사례: IBM의 장기 부진
    - IBM은 과거 꾸준한 배당금을 지급했지만,
    - 클라우드·AI 시장에서 마이크로소프트(MSFT), 아마존(AMZN)에 밀려 경쟁력을 잃음.
    - 결국, 배당을 유지했지만, 주가는 오랫동안 정체.
- 배당금을 지급하는 기업이라도 미래 성장성이 없다면 장기적인 투자 수익률이 낮아질 수 있음.

2. 포트폴리오 분산 전략

배당 투자는 특정 산업에 집중하면 위험할 수 있으므로, 여러 산업에 걸쳐 포트폴리오를 구성해야 합니다.

- 산업별 배당주 추천
    - 필수 소비재: Coca-Cola (KO), Procter & Gamble (PG)
    - 헬스케어: Johnson & Johnson (JNJ), Pfizer (PFE)
    - 금융: JPMorgan Chase (JPM), Bank of America (BAC)
    - 에너지: ExxonMobil (XOM), Chevron (CVX)
- 해결책

    개별 주식 대신 배당 ETF(SCHD, VIG, NOBL)를 활용하면 자연스럽게 분산 투자 가능.

| 결론 |

배당 투자는 장기적으로 안정적인 수익을 제공할 수 있지만, 다음과 같은 점을 반드시 고려해야 합니다.

- 배당이 너무 높은 기업은 위험할 수 있으므로 배당 지속 가능성을 점검해야 함.
- 배당 소득세를 고려하여 세후 수익률을 분석해야 함.
- 단일 종목에 집중적으로 투자하는 것은 위험하므로, 산업별·자산별 분산 투자가 필수적임.
- 배당 투자자는 단순히 높은 배당 수익률을 찾는 것이 아니라, 배당 지속 가능성과 성장성을 함께 고려하는 균형 잡힌 전략을 수립해야 함.

네이르의 투자 노트

　군대에서 경제신문을 보면서 주식이라는 것을 알게 되었고 전역하면 주식계좌를 만들어 봐야겠다는 생각으로 주식을 시작하게 된 것 같습니다.
　어린 시절이라 돈이 별로 없어 처음엔 관리종목인 현대건설, 하이닉스를 조금 산 기억이 있습니다. 특별히 책을 사서 공부하거나, 주식 투자를 위해서 뭔가를 하진 않았습니다.
　지금 생각해보면 참 어리석은 시작이었습니다.

　오랜 기간 많은 경험을 하고 나서야 비교적 국내 주식보다는 미국 주식이 안정적으로 우상향한다는 것을 알게 됐습니다. 처음 배당주를 매수하고 카카오톡으로 배당금이 입금되었다는 알림을 받았을 때 참 기분이 묘했습니다.

　'돈이 나를 위해 일하게 할 수 있다'는 가능성, 그리고 이 길을 계속 걸어야겠다는 조용한 확신.
　지금 생각해보면 그 모든 어설펐던 시작도, 수많은 시행착오도 결국 이 감각을 만나기 위한 과정이었습니다.
　배당은 단순한 수익이 아니라, 시간과 신뢰가 만들어낸 나만의 현금흐름 시스템입니다.
　그게 바로 배당 투자를 멈추지 않는 이유입니다.

2부

원칙 있는 배당 투자

1장 성공하는 배당 투자의 4가지 원칙

배당 투자는 단순히 배당금을 지급하는 기업에 투자하는 것이 아닙니다. 장기적으로 안정적인 이익을 얻기 위해서는 배당을 지속적으로 늘릴 수 있는 재무 구조와 경영 철학을 갖춘 기업을 선별하는 것이 중요합니다. 단기적인 고배당률에만 초점을 맞추면 오히려 배당 삭감이나 기업 가치 하락으로 이어질 수 있습니다. 따라서 성공적인 배당 투자를 위해 반드시 점검해야 할 네 가지 원칙이 있습니다.

첫째, 지속적인 배당 성장입니다. 배당을 오랜 기간 꾸준히 인상해 온 기업은 이익이 안정적으로 발생하고 주주 친화적인 경영을 펼치는 경우가 많습니다. 예컨대 '배당 귀족(Dividend Aristocrats)'은 25년 이상 배당을 인상해온 S&P 500 기업들로, 펩시콜라(PEP), 프록터 앤드 갬블(PG), 존슨 앤드 존슨(JNJ) 같은 대표적인 우량주가 이에 속합니다. 이들은 인플레이션에도 실질 배당 가치를 유지하며 효과를 극대화할 수 있는 기반이 됩니다.

둘째, 재무 건전성입니다. 안정적인 배당을 유지하려면 기업이 재무적으로 튼튼해야 합니다. 부채비율이 낮고, 영업에서 발생한 잉여현금흐름(FCF)이 꾸준히 창출되는지 확인해야 합니다. 애플(AAPL)이나 마이크로소프트(MSFT)는 막대한 현금을 바탕으로 안정적인 배당을 유지하고 있으며, 필수 소비재나 헬스케어처럼 경기와 무관하게 수익을 내는 산업군도 주목할 만합니다.

셋째, 배당 성향(Payout Ratio)의 적정성입니다. 배당 성향은 순이익 중 얼마를 배당으로 돌리는지를 나타냅니다. 일반적으로 30~60% 사이가 이상적인 수준이며, 80%를 넘을 경우, 실적이 나빠졌을 때 배당이 삭감될 위험이 클 수 있습니다. 대표적으로 AT&T는 과도한 배당 성향으로 인해 결국 배당을 대폭 삭감한 사례로 자주 인용됩니다.

마지막으로, 배당 재투자(DRIP)의 활용입니다. 배당금을 현금으로 받기보다 동일한 주식을 자동으로 다시 매수하는 방식은 장기적으로 매우 강력한 복리 효과를 발휘합니다. 실제로 동일한 기업에 동일 금액을 투자해도 DRIP을 적용한 투자자는 수십 년 뒤 훨씬 더 높은 자산 성장을 경험하게 됩니다. 또한, DRIP은 자동화된 매수 방식이기 때문에 시장 타이밍에 대한 고민 없이 장기적으로 자산을 늘릴 수 있는 장점이 될 수 있습니다.

결국 배당 투자의 본질은 '꾸준함'과 '복리'에 있습니다. 배당금을 생활비로 소비하는 대신 재투자에 활용하고, 재무적으로 건전하면서도 배당을 지속적으로 늘려온 기업에 투자한다면, 투자자는 시간과 함께 점점 더 단단한 부의 기반을 마련할 수 있을 것입니다.

위 네 가지를 가지고 조금 구체적으로 설명하도록 하겠습니다.

1.1 지속적인 배당 성장 확인

배당 투자에서 가장 중요한 요소 중 하나는 배당이 꾸준히 증가하는 기업을 찾는 것입니다. 단순히 현재 배당 수익률이 높은 기업보다, 배당을 오랜 기간 지속적으로 인상해 온 기업이 장기적으로 더 유리한 투자 대상입니다.

배당 성장 기업이 중요한 이유

1. 배당을 지속적으로 증가시키는 기업은 안정적인 이익을 창출할 가능성이 높음
2. 배당 성장이 기업의 재정 건전성과 경영진의 주주 친화적인 정책을 반영함
3. 인플레이션을 고려할 때 배당 성장이 필수적 ⋯▶ 배당이 정체된 기업은 실질 배당 가치가 하락할 수 있음
4. 배당 성장률이 높을수록 장기적인 복리 효과가 극대화됨

1.2 재무 건전성 평가

배당 투자의 핵심은 기업이 안정적으로 배당금을 지급할 수 있는 재무적 기반을 갖추고 있는가를 분석하는 것입니다. 아무리 배당을 잘 주는 기업이라도 재무 상태가 불안정하면 배당 삭감 위험이 커질 수 있습니다.

1. 기업의 재무 건전성을 평가하는 핵심 지표

① **부채비율(Debt-to-Equity Ratio, D/E 비율)**
- 기업이 외부에서 빌린 돈(부채)이 자기자본 대비 얼마나 되는지를 나타냄
- 일반적으로 D/E 비율이 낮을수록 기업이 안정적인 재무 구조로 되어 있음

> 예)
> - Johnson & Johnson (JNJ) – 낮은 부채비율과 강한 현금흐름을 보유
> - Apple (AAPL) – 막대한 현금 보유로 인해 부채 부담이 적음

② **잉여현금흐름(Free Cash Flow, FCF)**
- 기업이 영업활동을 통해 벌어들인 돈에서 필수 지출을 제외하고 남는 금액

- 배당을 지속적으로 지급하려면 FCF가 안정적으로 창출되어야 함

  > 예)
  > - Microsoft (MSFT) – 지속적으로 높은 FCF를 창출하면서 배당을 증가

③ **이익 안정성(Earnings Stability)**
- 경기 변동과 관계없이 꾸준한 수익을 창출할 수 있는지 확인
- 필수 소비재(코카콜라, P&G), 헬스케어(Johnson & Johnson), 유틸리티(NextEra Energy) 등은 경기 불황에도 상대적으로 안정적인 수익을 창출

[투자 전략]
- 재무 건전성이 탄탄한 기업에 투자해야 배당이 지속 가능
- 높은 부채비율을 가진 기업은 배당 지급이 어려워질 수 있음

1.3 배당 성향(Payout Ratio) 체크

배당 성향(Payout Ratio)이란 기업이 벌어들인 순이익 중에서 배당금으로 지급하는 비율을 의미합니다.

- 배당 성향이 너무 낮으면 주주 환원이 부족할 수 있음

- 배당 성향이 너무 높으면 배당 지속 가능성이 낮아짐

[배당 성향 분석 기준]

배당 성향	투자 평가
30~60%	이상적인 수준. 배당과 성장 투자가 균형 잡힘.
60~80%	다소 높은 수준. 배당 유지 가능하지만, 성장 투자 여력 감소 가능.
80% 이상	위험 신호. 실적 악화 시 배당 삭감 가능성이 높음.

[배당 성향이 높은 기업의 위험성 – AT&T (T) 사례]

AT&T는 2021년까지 높은 배당 수익률을 제공했지만, 배당 성향이 80%를 초과하면서 재정적 부담 증가

결국 2022년 배당을 47% 삭감

[투자 전략]

– 배당 성향이 30~60% 수준을 유지하는 기업이 장기적으로 안정적

1.4 배당 재투자의 활용과 효과

배당 투자의 가장 강력한 무기 중 하나는 바로 배당 재투자(DRIP, Dividend Reinvestment Plan) 입니다. 배당금을 현금으로 찾는 대신

다시 같은 기업의 주식을 매수하면, 시간이 지날수록 자산이 기하급수적으로 증가할 수 있습니다.

이 장에서는 배당 재투자의 개념과 장점, 구체적인 활용 전략, 실제 사례를 통해 배당 재투자의 효과를 더욱 자세히 살펴보겠습니다.

1. 배당 재투자(DRIP)란 무엇인가?

배당 재투자(Dividend Reinvestment Plan, DRIP)는 기업이 지급하는 배당금을 다시 같은 기업의 주식을 매수하는 방식입니다.

- DRIP을 활용하면 배당금이 자동으로 주식 전환되어 별도의 매수 주문 없이 꾸준히 주식 보유량이 증가
- 이 과정에서 시간이 지나면 복리 효과(compound effect)가 작용하여 배당 수익이 점점 커짐

[배당 재투자의 핵심 원리]

① 배당 지급 ⋯▸ 기업이 분기별 또는 연간 배당금을 지급

② 배당금 자동 재투자 ⋯▸ 배당금을 사용해 같은 주식을 추가 매수

③ 보유 주식 증가 ⋯▸ 다음 배당 지급 시 더 많은 주식에 대해 배당 수령

④ 복리 효과 극대화 ⋯▸ 배당금이 재투자되면서 기하급수적으로 자산 증가

중요한 점
- 일부 기업과 ETF에서는 DRIP 프로그램을 제공하여 자동으로 배당금을 재투자할 수 있도록 지원
- 배당 재투자를 수동으로 할 수도 있으며, 이는 브로커리지[5]를 통해 직접 설정 가능

2. 배당 재투자의 장점

배당 재투자는 장기적인 투자 전략에서 매우 강력한 효과를 발휘합니다.

① 복리 효과(Compound Effect) 극대화

배당금을 재투자하면 이전보다 더 많은 주식을 보유하게 되고, 그 결과 배당금도 점점 증가합니다.
- 일반적인 투자: 배당금을 현금으로 찾으면, 시간이 지나도 배당금 총액은 거의 동일
- 배당 재투자: 시간이 지날수록 배당금이 더 많은 주식을 사는 데 사용되며, 이후 배당금이 더욱 커지는 선순환 구조 형성

---

[5] 브로커리지(Brokerage): 주식, 채권, 선물 등의 거래를 중개하는 서비스. 위탁매매로도 불림

복리 효과 예시

- 초기 투자: $10,000
- 연평균 배당 수익률: 4%
- 배당 성장률: 연 6%

투자 기간	배당금 재투자 X (현금 인출)	배당금 재투자 O (복리 효과)
10년 후	약 $14,000	약 $17,908
20년 후	약 $21,911	약 $48,890
30년 후	약 $32,433	약 $133,604

배당 재투자를 활용하면 30년 후 자산이 4배 이상 증가하는 효과를 볼 수 있음!

② 시장 변동성에 대한 방어력 강화

배당 재투자는 시장 하락기에도 자산 증가를 지속할 수 있도록 돕습니다.

- 주가가 하락하면 같은 배당금으로 더 많은 주식을 살 수 있음
- 이는 이후 주가 회복 시 더욱 높은 자본 이득과 배당금 증가로 이어짐

예시: 2008년 금융위기 동안 DRIP 효과

- S&P 500은 2008년 금융위기 동안 50% 가까이 폭락했지만,
- DRIP을 실행한 투자자들은 저가에서 더 많은 주식을 매수하며 회복기에 더 큰 이익을 거둠

③ **심리적 부담 감소 및 자동화 투자**

- 배당 재투자는 투자자가 시장 타이밍을 예측할 필요 없이 자동으로 주식 매수가 이루어지는 장점이 있음
- 정기적으로 투자하는 효과(Dollar-Cost Averaging, DCA) ⋯▸ 가격이 높을 때는 적게 사고, 가격이 낮을 때는 더 많이 사는 효과

3. 배당 재투자의 실제 사례 분석

배당 재투자를 활용하여 장기적으로 자산을 증식한 대표적인 사례를 살펴보겠습니다.

① **코카콜라(KO) - 30년간 DRIP 전략 적용 사례**

- 1995년 $100을 투자하여 코카콜라 주식을 매수하고 DRIP을 적용
- 30년 후 주식 가치는 $100 ⋯▸ 약 $782 이상 증가
- 배당금만으로 연간 약 $20 이상 발생

코카콜라는 60년 이상 배당을 증가시켜 온 대표적인 배당 성장주

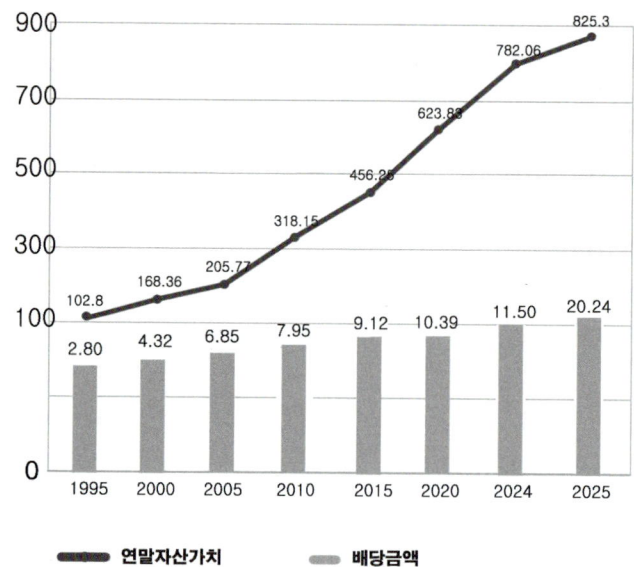

출처: Yahoo Finance (2024.12 기준), ChatGPT(OpenAI)를 활용한 저자 재구성

③ S&P 500 ETF (SPY) – DRIP 전략 비교

- 1993년 $10,000 투자 후 DRIP 미적용 ⋯▶ 현재 약 $90,000
- 1993년 $10,000 투자 후 DRIP 적용 ⋯▶ 현재 약 $150,000 이상

4. 배당 재투자를 효과적으로 활용하는 전략

① DRIP 자동화 설정

- 배당 재투자를 자동으로 진행하려면 DRIP 프로그램이 제공되는 브로커리지 계좌를 활용
- 미국의 주요 증권사(예: Fidelity, Charles Schwab, TD

Ameritrade)에서는 대부분 DRIP을 지원

② 배당 성장주에 집중 투자
- 배당 성장이 지속되는 기업은 시간이 지날수록 배당 재투자의 효과가 더욱 커짐
- 대표적인 배당 성장주

  Johnson & Johnson (JNJ) - 61년 연속 배당 증가

  Procter & Gamble (PG) - 67년 연속 배당 증가

  McDonald's (MCD) - 40년 연속 배당 증가

③ 세금 효율적인 계좌 활용
- 미국 주식 투자 시 배당 소득에 세금이 부과됨(외국인 투자자는 보통 15~30%)
- Roth IRA(세금 우대 계좌) 활용 시 배당 재투자 효과 극대화 가능
- 한국 투자자는 연금저축계좌, IRP 계좌 활용 시 세제 혜택을 받을 수 있음

| 결론 |

배당 재투자는 단순한 배당 수익을 넘어, 장기적으로 자산을 극대화할 수 있는 강력한 전략입니다.
- 배당을 꾸준히 지급하고 증가시키는 기업을 선택

- DRIP을 활용하여 자동으로 주식을 추가 매수
- 장기적으로 복리 효과를 극대화

이 전략을 활용하면 시장 변동성에도 흔들리지 않고 경제적 자유에 한 걸음 더 가까워질 수 있습니다!

네이트의 투자 노트

많은 분이 잘 알고 있는 워런 버핏과 코카콜라의 이야기를 잠시 해볼까 합니다. 1987년 '블랙먼데이'라는 대폭락 이후, 코카콜라의 주가는 크게 하락했고 워런 버핏은 이 기회를 활용해 할인된 가격에 코카콜라 지분을 대량 매입하게 됩니다. 그때 그는 주당 약 3달러에 코카콜라 주식을 샀습니다. 그리고 지금, 2025년 8월 기준, 코카콜라의 주가는 약 70달러, 배당은 분기당 0.51달러, 연간으로는 약 2.04달러에 달합니다. 즉, 워런 버핏은 본인 매입가 기준으로 연간 약 68%의 배당 수익률을 받는 셈이죠.

물론 지금과는 시대도 다르고, 시간이 오래 흘렀지만, 여전히 그는 워낙 종목을 잘 고르는 투자자이기도 합니다. 그래서 "이제 그런 기회는 없지", "2025년에 저런 투자가 가능하겠어?"라고 생각할 수도 있습니다.

하지만 저는 이렇게 말하고 싶습니다. "우리도 꼭 저렇게 해야 해!"가 아니라, "배당 투자도 저런 놀라운 결과를 만들 수 있구나."라는 가능성을 생각해보면 어떨까요? 몇십 년이 지나면 나도 저런 결과에 가까워질 수 있지 않을까 하는 작은 희망, 그 출발점에 지금 우리가 서 있는 거죠.

"늦었다고 생각할 때가 가장 빠른 때다."라는 흔한 말이, 어쩌면 인생에서 가장 맞는 말일지도 모르겠습니다.

2장 배당 성장주 vs. 고배당주

– 당신의 선택은?

2.1 배당 성장주(Dividend Growth Stocks)의 개념

배당 투자의 세계에서 '배당 성장'은 단순히 높은 배당 수익률을 추구하는 것을 넘어서는 개념입니다. 일반적으로 사람들은 배당 투자라고 하면 당장 눈에 보이는 고배당 종목에 투자해 정기적인 수익을 받는 방식을 떠올리곤 합니다. 하지만 배당 성장주는 그와는 다른 길을 걷습니다. 이들은 초기 배당 수익률은 낮을 수 있으나, 시간이 흐를수록 배당금을 지속적이고 안정적으로 늘려가는 기업들입니다. 다시 말해, 지금의 수익이 아닌 '미래의 배당 성장 가능성'에 투자하는 전략이라 할 수 있습니다.

배당 성장주는 '성장'이라는 키워드에서 알 수 있듯이, 매출과 이익이 꾸준히 증가함에 따라 배당금도 자연스럽게 증가하는 구조를 갖는다는 의미입니다. 따라서 시간이 지날수록 투자자가 받게 되는 배당금의 절대 금액이 불어나고, 그로 인해 초기 투자 대비 수익률(Yield on Cost) 역시 비약적으로 상승하게 됩니다. 이는 장기적인 자산 증식에 있어 매우 강력한 복리 효과를 유도하며, 특히 DRIP(배당 재투자)을 함께 활용할 경우 그 차이는 더욱 두드러지게 나타나게 됩니다.

1. 배당 성장주의 특징

배당 성장주의 가장 큰 매력은 '예측 가능성'과 '지속 가능성'이라고 할 수 있습니다. 이들은 일반적으로 다음과 같은 특징을 지니고 있습니다.

① **지속적인 이익 성장**: 배당을 지속적으로 인상하기 위해선 그만한 이익 증가가 선행되어야 합니다. 또한, 배당 성장주는 대부분 성숙한 산업에 속해 있으면서 견조한 성장성을 유지하는 기업들입니다. 필수 소비재, 헬스케어, 인프라, 기술 업종 일부에서 이러한 특성이 보입니다.

② **재무 구조의 안정성**: 배당을 매년 인상하기 위해서는 단순한 실적 외에도, 부채 부담이 적고 현금흐름이 안정적인 구조가 필수적이라고 할 수 있습니다. 이는 투자자에게 기업의 배당 정책이 일회성이 아닌 장기 전략의 일환임을 의미합니다.

③ **주주 환원에 대한 철학**: 배당을 장기적으로 꾸준히 올려온 기업은 경

영진이 배당을 단순한 잉여금 처리 수단이 아닌, 주주 가치를 실현하는 핵심 수단으로 인식하고 있다는 것을 보여줍니다. 이 같은 경영 철학은 단기 실적 변동에도 흔들리지 않고 배당 정책을 유지하려는 일관성을 보장한다고 할 수 있습니다.

결론적으로 배당 성장주는 단순히 배당을 많이 지급하는 것이 아니라, 오랫동안 일관된 배당 증가율을 유지하는 점이 핵심입니다. 배당을 꾸준히 늘릴 수 있는 기업은 강한 시장 지배력, 경쟁 우위, 탄탄한 수익 구조를 갖추고 있는 경우가 많아, 장기 투자자들에게 안정적인 자산 증식 기회를 제공합니다.

[배당 성장주 vs. 고배당주]

구분	배당 성장주	고배당주
특징	배당금이 매년 꾸준히 증가	현재 배당 수익률이 매우 높음
대표 기업	KO, PG, JNJ 등 배당 귀족	T, VZ, O, XOM 등 고배당주
수익 구조	미래 배당 성장, 복리 효과 중심	당장 매달 또는 분기마다 현금흐름 확보
적합 투자자	장기 투자자, 복리 성장 선호	은퇴자, 생활비 목적 투자자
주의점	초기 수익률 낮음	높은 수익률이 일시적일 수 있음

2. 배당 성장주의 지난 10년간 성과 분석

배당 성장주는 주가 상승과 배당 성장 효과를 동시에 누릴 수 있는 장점이 있습니다. 아래는 대표적인 배당 성장주들의 지난 10년간 성과를 분석한 표입니다.

기업명	2015년 3월 주가	2025년 3월 예상 주가	연평균 주가 상승률	연평균 배당 증가율
코카콜라(KO)	$40	$70	5.8%	4~5%
맥도날드(MCD)	$95	$300	12.1%	7~8%
존슨앤드존슨(JNJ)	$100	$160	4.8%	5%
프록터앤드갬블(PG)	$85	$160	6.7%	5~6%

출처: Yahoo Finance (2024.12 기준), ChatGPT(OpenAI)를 활용한 저자 재구성

배당 성장주는 안정적인 주가 상승과 꾸준한 배당 증가를 통해 복리 효과를 극대화할 수 있는 전략입니다.

2.2 고배당주(High Dividend Stocks)의 개념

고배당주는 배당 수익률(Dividend Yield)이 상대적으로 높은 기업을 의미합니다. 일반적으로 배당 수익률이 4~10% 이상인 기업들이 이에 속합니다.

고배당주는 주로 다음과 같은 산업군에서 많이 찾아볼 수 있습니다.
- 통신(Telecom): 에이티엔티(T), 버라이즌(VZ)

- 에너지(Energy): 엑손모빌(XOM), 셰브론(CVX)
- 부동산(REITs): 리얼티 인컴(O), Simon Property Group (SPG)
- 금융(Financials): JP모건체이스(JPM), 웰스파고(WFC)

고배당주는 일반적으로 자금 흐름이 안정적이고, 성숙한 산업군에 속해 있으며, 경기 변동에도 강한 기업들이 많습니다. 하지만 배당 지속 가능성을 항상 확인해야 합니다.

1. 고배당주의 리스크 및 주의할 점

배당이 높다고 해서 무조건 좋은 투자 대상은 아닙니다. 고배당주는 다음과 같은 위험 요소가 있습니다.

① 배당 삭감(Dividend Cut) 위험

기업이 재정적으로 어려워지면 배당을 줄이거나 중단할 수 있음

> 예) GE(제너럴일렉트릭)는 2018년 심각한 재정 문제로 인해 배당을 대폭 삭감

② 높은 배당 성향(Payout Ratio) 문제

기업이 이익 대비 너무 많은 배당금을 지급하면 성장 투자에 필요한 자금을 확보하지 못할 수 있음

> 예) AT&T는 높은 배당 지급률로 인해 2022년에 배당을 삭감

③ **주가 하락 가능성**

배당 수익률이 높은 기업은 주가가 하락하는 경우가 많음

> 예) AT&T (T) 는 2015년 $34였지만, 현재 $25 수준으로 하락

고배당주는 배당 지속 가능성, 재무 건전성, 산업의 장기 성장성을 종합적으로 고려해야 합니다.

2. 고배당주의 지난 10년간 성과 분석

고배당주의 대표적인 기업들을 살펴보면, 주가 상승보다는 배당 수익률이 주요 투자 수익원이 됩니다.

기업명	2015년 3월 주가	2025년 3월 예상 주가	연평균 주가 상승률	연평균 배당 증가율
에이티엔티(T)	$34	$25	−3.0%	6~7%
리얼티 인컴(O)	$45	$56	2.2%	4~5%
엑손모빌(XOM)	$85	$110	2.6%	5~6%

출처: Yahoo Finance (2024.12 기준), ChatGPT(OpenAI)를 활용한 저자 재구성

고배당주는 주가 성장보다는 높은 배당을 통한 현금흐름 확보에 초점을 맞춰야 합니다.

2.3 커버드콜 ETF(Covered Call ETF)의 개념

커버드콜 ETF는 보유한 주식에 대해 콜옵션을 매도하여 추가적인 수익을 창출하는 ETF입니다. 이 전략은 배당 수익률을 더욱 높이고, 옵션 프리미엄을 통해 수익을 극대화할 수 있는 장점이 있습니다.

1. 커버드콜 전략의 기본 구조

① 보유한 주식(Underlying Stock) ⋯▶ 최소 100주 보유 필요

② 콜옵션 매도(Call Option Sell) ⋯▶ 특정 가격(행사가)까지 주가가 상승하면 매도 의무 발생

> 예시
> - 현재 A 주식 100주를 보유 중이고, 현재 주가가 $50
> - 투자자는 행사가격 $55의 콜옵션을 프리미엄 $2를 받고 매도
> - 주가가 $55 이하이면 옵션이 행사되지 않으며, 프리미엄 $2가 수익
> - 주가가 $55 이상이면 보유 주식이 매도되지만, 프리미엄과 차익을 합쳐 수익 창출

- 커버드콜 ETF의 주요 특징
    - 배당 수익 + 옵션 프리미엄 수익
    - 주가 상승 시 추가 이익 제한 (콜옵션을 매도했기 때문에 상승폭이 제한됨)

- 시장 변동성이 높을 때 유리 (옵션 프리미엄이 증가하여 추가 수익 확보 가능)

2. 대표적인 커버드콜 ETF와 성과 분석

ETF명	2015년 3월 가격	2025년 3월 가격 (예상)	연평균 배당 수익률	연평균 총수익률
Global X S&P 500 Covered Call ETF (XYLD)	$35	$40	약 8~10%	6~8%
JPMorgan Equity Premium Income ETF (JEPI)	신규 출시 (2020년)	$54	약 10~12%	7~10%
QYLD (Nasdaq 100 Covered Call ETF)	$20	$22	약 10~12%	5~7%

- XYLD: S&P 500 지수를 추종하며 커버드콜 전략을 활용
- JEPI: 낮은 변동성과 높은 배당을 제공하는 인기 커버드콜 ETF
- QYLD: 나스닥 100 지수 기반으로 높은 배당 수익을 제공하지만 주가 성장성은 낮음

3. 커버드콜 ETF의 장단점

① **장점**
- 배당 수익률이 일반 배당주보다 높음 (연 8~12%)
- 시장이 횡보하거나 하락할 때도 안정적인 수익 가능

② **단점**
- 주가 상승 시 추가 이익이 제한됨
- 옵션 프리미엄이 일정 수준을 유지해야 안정적인 배당이 가능

2.4 배당 성장주 + 고배당주 + 커버드콜 ETF 포트폴리오 전략

1. 균형 잡힌 포트폴리오 구성

배당 투자에서 안정성과 수익성을 극대화하려면, 배당 성장주(50%) + 고배당주(30%) + 커버드콜 ETF(20%)로 포트폴리오를 구성하는 것이 효과적입니다.

> **예시 포트폴리오**
> - 배당 성장주 (50%) ⋯▶ 장기적인 자산 증식
>   - 코카콜라(KO)
>   - 맥도날드(MCD)
>   - 존슨앤드존슨(JNJ)
> - 고배당주 (30%) ⋯▶ 높은 배당 수익률 확보
>   - 리얼티 인컴(O)
>   - 엑손모빌(XOM)
> - 커버드콜 ETF (20%) ⋯▶ 추가적인 배당 수익 창출
>   - Global X S&P 500 Covered Call ETF (XYLD)
>   - JPMorgan Equity Premium Income ETF (JEPI)

| 결론 | **최적의 배당 포트폴리오 전략**

- 배당 성장주는 꾸준한 배당 증가와 주가 상승을 기대할 수 있음
- 고배당주는 높은 배당을 제공하지만 지속 가능성을 확인해야 함
- 커버드콜 ETF는 배당 수익을 극대화하는 전략으로 활용 가능
- 세 가지 요소를 조합하면 안정적인 현금흐름과 장기적인 자산 성장을 모두 추구 가능

배당 투자자는 단순히 배당 수익률만 고려하는 것이 아니라, 배당 성장성과 안정성, 추가적인 옵션 전략까지 종합적으로 고려해야 장기적으로 성공할 수 있습니다.

네이르의 투자 노트

    월배당 개념으로 처음 JEPQ / JEPI 가 출시한 지 그렇게 오래되지 않았습니다. 그동안 분기 배당으로 매달 배당을 받기 위해서는 분기별로 개별 종목을 분산 투자해서 매달 받는 방식의 배당 투자를 해야 했지만, 사실 개별 종목을 분석하고 얼마를 투자할지 그리고 받은 배당은 어떻게 활용할지 고민을 많이 해야 했습니다. 하지만 JEPI 출시했을 때 이런 부분들을 많이 간소화됐다는 생각이 들었습니다.

    결국 세계적으로 유명한 큰 운영사에서 주식 지수에 맞춰서 운영하고 장기적으로 우상향하면서 월배당을 통한 복리의 마법을 누릴 수 있다는 건 큰 장점이라고 할 수 있습니다. 그래서 그날 바로 엑셀로 열심히 5년/10년/15년/20년을 복리로 계산해서 한번에 매수 할지 아니면 적립식으로 매수 할지 고민하며 시뮬레이션을 돌려본 기억이 있습니다.

    사실 저는 지금도 주변 지인들이 물어보면 지인들의 성향에 맞춰 주식을 설계를 해주곤 합니다. 대부분 안정적인 수익을 원하기 때문에 JEPQ, JEPI, GPIQ, GPIX, SPYI, QQQI 이렇게 6개를 골고루 분산 투자하라고 합니다. 모든 운영사가 믿을만하지만, 매년 운영 성적이 조금씩 달라지기 때문에 이 중에서도 분산 투자해서 수익률의 평균치를 올리고자 하는 전략이라고 할 수 있습니다. 물론 배당금은 꼭 재투자하라고 합니다.

    이 책의 마지막으로 갈수록 저의 투자 전략이나 성향을 알 수 있으리라 생각합니다. 주식 투자는 20대, 30대, 40대, 50대 모두 달라야 한다고 생각합니다. 꼭 이 책을 전부 완독한 후에는 독자님들의 나이에 맞는 투자 전략을 세우시길 바랍니다.

3장 높은 수익률만 좇지 마라

– 배당 성향과 균형 잡기

배당 투자를 시작하는 많은 투자자가 흔히 빠지는 착각 중 하나는, 배당 수익률이 높을수록 좋은 투자처라는 단순한 믿음입니다. 예컨대 "배당 수익률이 8%인 기업은 무조건 사야 해!"와 같은 판단은 매우 매력적으로 들릴 수 있지만, 투자라는 관점에서 보면 이는 매우 위험한 접근일 수 있습니다. 배당이란 단순히 수익률의 숫자만을 의미하지 않습니다. 그 배당을 기업이 어떻게, 어떤 재무 구조 속에서 지급하고 있는지를 함께 들여다봐야 합니다.

이때 반드시 함께 고려되어야 하는 지표가 바로 배당 성향(Payout Ratio)입니다. 배당 성향은 기업이 벌어들인 순이익 중에서 얼마나 많은 금액을 배당금으로 지급하고 있는지를 나타내는 지표로, 배당의 '지속 가능성'을 판단하는 데 핵심적인 역할을 합니다. 다시 말해, 배당 수익률은 투자자 입장의 '보상 수준'을 보여주는 지표라면, 배당 성향은 기업 입장의 '지급 여력'을 나타내는 지표라고 볼 수 있습니다. 이 둘은 단순히 각각의 숫자가 아니라, 서로 보완 관계에 있는 매우 중요한 투자 판단 요소입니다.

배당 수익률이 지나치게 높을 경우, 이는 일시적인 주가 하락에 따른

왜곡된 수치일 가능성이 있으며, 이때는 오히려 기업의 재무 건전성이나 이익 창출 능력에 문제가 발생했는지 의심해 봐야 합니다. 예를 들어, 어떤 기업의 주가가 급격히 하락하면서 배당 수익률이 10%를 넘는 상황이 발생했다면, 이는 진정한 '기회'일 수도 있지만, 반대로 향후 배당금이 삭감되거나 중단될 수 있다는 위험 신호일 수도 있습니다.

또한 배당 성향이 너무 높다는 것은 기업이 이익 대부분을 배당으로 지급하고 있다는 의미이며, 이는 미래 성장을 위한 투자 여력을 스스로 줄이는 셈입니다. 만약 경기 침체나 일시적인 실적 부진이 발생한다면, 그 기업은 더 이상 배당금을 유지할 수 없게 되고, 이는 결국 투자자에게 손실로 이어질 수 있습니다. 배당 투자자는 이런 상황을 피하기 위해 기업의 순이익 추이, 현금흐름, 부채비율 등 핵심적인 펀더멘털[6]을 반드시 함께 분석해야 합니다.

이 장에서는 단순히 배당 수익률이 높은 종목을 고르는 수준을 넘어, 배당 수익률과 배당 성향 간의 균형을 어떻게 분석하고 적용할 수 있을지를 체계적으로 살펴볼 것입니다. 안정적인 배당을 꾸준히 지급할 수 있는 기업의 특징은 무엇인지, 수치상으로 어떤 범위의 배당 성향이 이상적인지, 그리고 수익률이 높아졌을 때 그것이 진짜 기회인지 위험의 신호인지 구분할 방법에 대해 구체적으로 설명합니다.

또한 이론적인 내용에 그치지 않고, 실제 시장에서 벌어졌던 AT&T의

---

[6] 펀더멘털(Fundamental): 주식 투자에서는 종목의 기초적인 정보를 의미

배당 삭감 사례나, 리얼티 인컴과 같은 장기 배당 우량주의 회복 사례 등 실전 투자자들이 반드시 알아두어야 할 실제 사례를 함께 분석합니다. 더불어, 대표적인 배당 우량주로 평가받는 코카콜라, 존슨앤드존슨, P&G 등의 사례를 통해 배당의 안정성과 기업의 성장 가능성이 어떻게 조화를 이루는지를 살펴보며, 실전 투자 전략에 바로 활용할 수 있도록 돕고자 합니다.

 궁극적으로 이 장의 목적은 투자자가 숫자에 현혹되지 않고, 배당의 '지속 가능성'과 '기업의 내재 가치'를 함께 고려하여 더욱 똑똑하고 안정적인 배당 투자를 실현할 수 있도록 하는 것입니다. 단기적인 고배당 유혹에 흔들리지 않고, 장기적으로 현금흐름을 안정적으로 확보할 수 있는 종목을 선별하는 것이야말로 진정한 배당 투자자의 안목이라 할 수 있습니다.

3.1 배당 수익률(Dividend Yield)이 너무 높으면 위험 신호일 수 있음

배당 수익률은 일반적으로 다음 공식으로 계산됩니다.

$$배당\ 수익률(\%) = \left(\frac{연간\ 배당금}{현재\ 주가}\right) \times 100$$

1. 일반적인 배당 수익률 구간 및 특징

배당 수익률	특징	투자 적합성
1~2%	낮은 배당, 성장 가능성 큼	배당보다는 성장주 중심
2~5%	안정적인 배당 성향	장기 투자에 적합
6~9%	고배당, 위험 신호 가능성	기업 분석이 필수
10% 이상	매우 높은 위험	배당 삭감 가능성 있음

2. 배당 수익률이 너무 높은 기업을 주의해야 하는 이유

① 주가가 급락하면 배당 수익률이 비정상적으로 높아질 수 있음

② 기업이 지속 가능한 배당금을 지급할 능력이 없는 경우도 많음

③ 일부 기업은 고배당 정책으로 투자자를 유인하지만, 재무적으로 취약할 수 있음

3. 실제 사례: AT&T (T)의 배당 삭감

- AT&T는 한때 배당 수익률이 7%를 넘는 고배당주였음
- 그러나 2021년 워너미디어(WarnerMedia) 사업을 분사하면서 배당금을 47% 삭감
- 배당 삭감 발표 이후 주가도 급락

| 결론 |

배당 수익률이 6% 이상인 경우, 단순히 높은 배당만 보고 투자하는 것이 아니라 기업의 재무 건전성과 배당 지속 가능성을 반드시 분석해야 합니다.

3.2 적정한 배당 성향(50~70%)을 유지하는 기업이 안전한 투자 대상

배당 성향(Payout Ratio)은 기업이 순이익의 몇 퍼센트를 배당으로 지급하는지를 나타내는 지표입니다.

$$배당\ 성향(\%) = \left(\frac{배당금\ 총액}{순이익}\right) \times 100$$

예를 들어, 한 기업이 연간 순이익 100억 달러를 기록하고, 그중 50억 달러를 배당으로 지급한다면 배당 성향은 50%입니다.

1. 적정한 배당 성향 범위

배당 성향	특징	투자 적합성
30% 이하	성장 기업, 낮은 배당	장기 성장을 목표로 함
30~50%	성장과 배당 균형 유지	안정적 투자 가능
50~70%	성숙한 기업, 안정적 배당	이상적인 배당 성향
70% 이상	위험 신호 가능성	배당 지속 가능성 확인 필수
100% 이상	배당 지속 불가능	배당 삭감 위험

2. 배당 성향이 너무 높은 기업이 위험한 이유

① 이익 대부분을 배당으로 지급하면, 미래 성장 투자에 필요한 자금이 부족

② 경기 침체나 이익 감소 시, 배당을 유지하기 어려워짐

③ 기업이 배당금을 지급하기 위해 부채를 늘리는 경우 재정 위험 증가

배당 성향이 안정적인 대표 기업 예시

기업명	배당 성향 (%)	배당 성장률 (연평균)	특징
코카콜라(KO)	60%	4%	60년 이상 배당 증가
존슨앤드존슨(JNJ)	45%	6%	배당 귀족, 재무 건전성
P&G (PG)	55%	5%	안정적인 소비재 기업

| 결론 |

배당 성향이 40~70% 수준을 유지하는 기업이 가장 이상적인 투자

대상이며, 기업의 이익과 배당이 균형을 이루고 있는지 분석해야 합니다.

3.3 주가 하락으로 인한 비정상적인 배당 수익률 상승 시 펀더멘털 분석 필수

기업의 주가가 급락하면 배당 수익률이 비정상적으로 높아질 수 있습니다. 하지만, 이러한 상황이 좋은 투자 기회인지, 아니면 기업의 문제를 반영하는 것인지 구별하는 것이 중요합니다.

[펀더멘털 분석 체크리스트]

- **이익 변동성 분석**: 최근 몇 년간 기업의 순이익이 꾸준히 유지되었는가?
- **배당 지급 이력 확인**: 과거 배당 삭감을 한 적이 있는가?
- **부채 수준 점검**: 부채비율이 너무 높지는 않은가?
- **현금흐름 분석**: 기업이 배당금을 지급할 충분한 현금흐름을 가지고 있는가?

[실제 사례: 리얼티 인컴(O)의 사례]

- 2020년 팬데믹 당시, 상업용 부동산 시장 불안으로 주가 급락

- 그러나 리얼티 인컴은 수십 년간 배당을 꾸준히 증가시킨 REIT
- 기업의 펀더멘털이 강했기 때문에 주가 회복 후 배당도 정상 유지

| 결론 |

주가 하락으로 인해 배당 수익률이 급등하면, 반드시 기업의 펀더멘털을 분석해야 하며, 단순히 높은 배당 수익률만 보고 투자하는 것은 위험합니다.

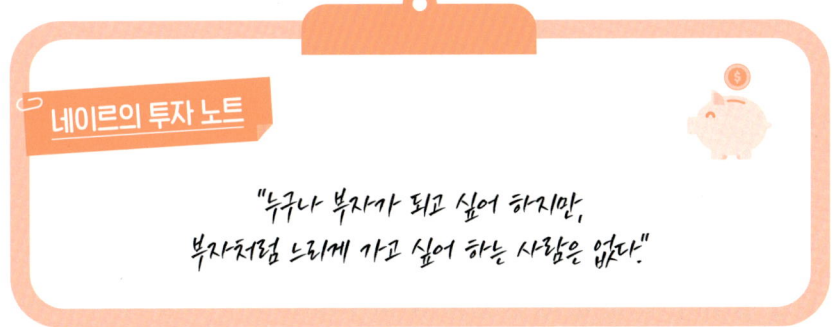

4장 좋은 배당주를 고르는 실전 기준

배당 투자의 핵심은 단순히 숫자 높은 배당 수익률을 좇는 것이 아닙니다. 오히려 진정한 배당 투자자는 배당이 지속 가능할 것인지, 기업이 안정적으로 배당금을 지급할 수 있을 만큼 재무적으로 건전한지를 철저히 분석합니다. 표면적으로 높은 배당 수익률을 제공하는 종목일지라도, 그 이면에 있는 재무 구조가 취약하거나 기업의 장기적인 수익성이 훼손되고 있다면, 그 배당은 오래가지 못할 가능성이 높기 때문입니다.

실제로 많은 초보 투자자가 배당 수익률 8%, 10% 같은 고배당 종목에 끌려 투자하지만, 몇 년 안에 배당이 삭감되거나 기업 자체가 위기를 맞는 사례도 적지 않습니다. 이런 상황에서 투자자는 배당 수익은커녕 원금 손실까지 겪게 되며, 이는 배당 투자의 본래 목적을 완전히 무너뜨리는 결과로 이어집니다.

이러한 위험을 피하고 지속 가능하고 안정적인 현금흐름을 창출하는 배당 포트폴리오를 구축하려면, 투자자는 배당주를 고를 때 반드시 다음 세 가지 핵심 요소를 고려해야 합니다.

4.1 배당 이력 분석
: 과거가 미래를 말해주지는 않지만, 단서가 된다

먼저 살펴봐야 할 것은 기업의 배당 지급 이력입니다. 배당금은 말 그대로 '이익의 분배'입니다. 따라서 장기간 꾸준히 배당금을 지급해온 기업은 그만큼 안정적인 수익 기반과 책임감 있는 주주 환원 정책을 시행하고 있다고 볼 수 있습니다. 특히 10년 이상 배당을 지속하거나 매년 배당을 증가시켜온 기업들, 예를 들어 '배당 귀족(Dividend Aristocrats)' 혹은 '배당 왕(Dividend Kings)'으로 불리는 기업들은 투자자에게 신뢰를 줄 수 있는 중요한 기준이 됩니다.

코카콜라, P&G, 존슨앤드존슨 등과 같은 대표적인 배당 귀족 기업들은 수십 년간 경기 불황과 금리 환경 변화 속에서도 배당을 꾸준히 인상해왔습니다. 이러한 이력은 기업의 수익성이 얼마나 견고한지를 간접적으로 보여주는 신호이며, 미래에도 배당을 계속 지급할 가능성이 높다는 점에서 투자 판단에 매우 중요한 근거가 됩니다.

4.2 산업별 특성 고려: 경기 방어적 섹터의 중요성

배당을 안정적으로 지급하려면 기업의 이익 자체가 외부 충격에 크게 흔들리지 않아야 합니다. 즉, 경기 사이클에 덜 민감한 산업에 속한 기업일수록 안정적인 배당주로서의 가능성이 높습니다.

예를 들어, 필수 소비재(Consumer Staples), 헬스케어, 유틸리티, 통신 같은 섹터는 경기 침체기에도 비교적 안정적인 수요를 유지하는 특성이 있으며, 이익 변동성이 작아서 배당을 꾸준히 유지하는 데 유리한 산업입니다. 반면, 기술, 반도체, 금융, 에너지 등은 경기 변동성에 민감하게 반응할 수 있으며, 실적 부진 시 배당을 삭감하거나 중단할 가능성도 있습니다.

또한, REIT(부동산투자신탁)나 에너지 인프라 기업처럼 법적으로 일정 비율 이상의 수익을 배당해야 하는 구조를 가진 기업들도 있지만, 이들은 경기나 금리 변화에 민감하므로 더욱 정밀한 분석이 필요합니다. 결국 배당 안정성을 고려한 산업 선택은 장기적인 배당 수익률 방어에 결정적인 영향을 미치게 됩니다.

| 산업별 특성 고려: 경기 방어적인 섹터 중심 투자 |

배당 투자는 기업의 업종(섹터) 특성을 고려하는 것이 중요합니다. 특히, 경기 변동이 심한 업종(예: 기술주, 항공, 여행 등)은 경기 침체 시 배당을 삭감할 가능성이 큽니다.

[경기 방어적(Defensive) 섹터: 배당 투자의 핵심 섹터]

산업	특징	대표 기업
유틸리티 (Utilities)	전력, 수도, 천연가스 같은 필수 서비스 제공	넥스트에라 에너지(NEE), 듀크 에너지(DUK), 서던 컴퍼니(SO)
헬스케어 (Healthcare)	경기 침체에도 필수 소비재 역할	존슨앤드존슨(JNJ), 유나이티드헬스(UNH), 화이자(PFE)
필수 소비재 (Consumer Staples)	식품, 생활용품 등 필수품 생산	코카콜라(KO), P&G(PG), 펩시코(PEP)
REITs (부동산 투자신탁)	부동산 임대 수익 기반	리얼티 인컴(O), 에퀴닉스(EQIX)

① 유틸리티(Utilities)

- 특징

    - 유틸리티 산업은 전력, 수도, 천연가스와 같은 필수 서비스를 제공하는 기업들이 포함됩니다.
    - 경기 불황에 강한 산업으로, 사람들이 소비를 줄여도 필수적인 서비스를 계속 이용하기 때문에 안정적인 수익을 올릴 수 있습니다.
    - 배당금을 꾸준히 지급할 수 있는 안정적인 현금흐름을 자랑합니다.

- 대표 기업

    - 넥스트에라 에너지(NEE): 넥스트에라는 재생 가능 에너지를 적극적으로 도입하고 있으며, 탄소 배출량을 줄이는 데 집중하고 있습니다. 이 기업은 정기적인 배당금 지급과 배당금 성장이 안

정적이고, 에너지 부문에서의 선도적인 위치에 있어 안정적인 수익을 기대할 수 있습니다.

- 듀크 에너지(DUK): 듀크 에너지는 전력 및 가스 공급을 주로 담당하는 기업으로, 배당금 지급 이력이 길고, 안정적인 현금흐름을 통해 꾸준한 배당금을 제공합니다.
- 서던 컴퍼니(SO): 서던 컴퍼니는 전력 공급을 담당하는 기업으로, 장기적인 배당금 증가와 안정적인 투자처로 평가받고 있습니다. 규제받는 가격과 안정적인 수익을 통해 기업의 성장성을 보장합니다.

- 왜 좋은가?

  경기 불황에 강하고 필수 서비스를 제공하기 때문에 안정적이며 지속적인 배당금을 기대할 수 있습니다. 또한, 장기적으로 안정적인 현금흐름이 배당 지급을 가능하게 만듭니다.

② 헬스케어(Healthcare)

- 특징
  - 헬스케어 산업은 경기 침체에도 영향을 받지 않으며, 사람들의 건강과 의료 서비스에 대한 수요는 항상 존재하기 때문에 필수 소비재와 같은 특성을 지니고 있습니다.
  - 혁신적인 치료법이나 신약 개발 등에서 기업들이 강력한 성과를 보일 수 있어 투자 매력이 큽니다.

- 대표 기업
    - 존슨앤드존슨(JNJ): 존슨앤드존슨은 다양한 사업 부문을 운영하는 대기업으로, 의약품, 의료기기, 소비자 건강 제품을 생산합니다. 배당 귀족으로 인정받으며, 안정적인 배당금 증가와 함께 다양한 제품 포트폴리오가 강점입니다. 경기 변동에 영향을 적게 받으며, 지속적인 성장과 배당금을 보장합니다.
    - 유나이티드헬스(UNH): 유나이티드헬스는 건강 보험 분야에서 세계 최대 기업 중 하나로, 건강 관리 서비스 제공을 통해 안정적인 수익을 창출합니다. 배당 성장이 강하며, 의료비 절감을 통해 안정적인 수익을 올리고 있습니다.
    - 화이자(PFE): 화이자는 세계적인 제약 회사로, 백신 개발과 같은 혁신적인 의약품을 제공합니다. 특히 코로나19 백신으로 큰 성과를 올렸고, 안정적인 배당 지급과 글로벌 시장 점유율이 장점입니다.

- 왜 좋은가?

    경기 불황에도 강한 수요가 지속되며, 헬스케어는 필수적인 산업이기 때문에 배당 안정성이 높고, 지속적인 수익 성장을 보장하는 기업들이 많습니다.

③ **필수 소비재(Consumer Staples)**

- 특징
    - 필수 소비재 산업은 사람들이 필수적으로 소비하는 상품을 생산하는 기업들입니다. 즉, 식품, 생활용품, 음료 등을 포함합니다.
    - 경제 상황과 관계없이 수요가 일정하여, 경기 불황에도 안정적인 매출을 올릴 수 있습니다.

- 대표 기업
    - 코카콜라(KO): 코카콜라는 음료 시장에서 가장 잘 알려진 기업으로, 전 세계적인 브랜드와 글로벌 유통망을 보유하고 있습니다. 꾸준한 배당금 지급과 함께, 상징적인 브랜드로 인해 안정적인 매출을 기대할 수 있습니다.
    - 프록터앤드갬블(PG): P&G는 생활용품과 소비재를 제공하는 세계적인 기업으로, 강력한 브랜드와 시장 지배력을 바탕으로 지속적인 배당금 지급이 가능합니다. 다양한 제품 포트폴리오와 안정적인 수익 창출이 가능합니다.
    - 펩시코(PEP): 펩시코는 음료와 스낵을 생산하는 기업으로, 코카콜라와 함께 대표적인 음료 기업입니다. 배당금 증가와 성장 잠재력이 높으며, 다양한 제품 라인으로 안정적인 수익을 보장합니다.

- 왜 좋은가?

    필수 소비재 산업은 경기 변동과 관계없이 항상 일정한 수요가 있으므로 배당금 지급과 수익 안정성이 뛰어나고, 꾸준한 성장을 보장합니다.

④ REITs(부동산 투자신탁, Real Estate Investment Trusts)
- 특징
    - REITs는 부동산 투자를 통해 임대 수익을 창출하는 기업입니다. 주거용, 상업용, 산업용 등 다양한 부동산에 투자하여 배당금을 지급하는 구조입니다.
    - 부동산 시장에서 발생하는 안정적인 임대료 수익이 주요 자금원이 됩니다.

- 대표 기업
    - 리얼티 인컴(O): 리얼티 인컴은 월배당을 지급하는 REITs로, 상업용 부동산에 투자하여 안정적인 임대 수익을 올립니다. 특히 월별 배당금 지급이 특징이며, 배당 왕으로서 장기적인 배당 증가 이력이 있습니다.
    - 에퀴닉스(EQIX): 에퀴닉스는 데이터 센터를 보유하고 있는 REIT로, 디지털 경제가 성장함에 따라 강력한 수요가 지속되고 있습니다. 고정 수익을 기반으로 배당금을 지급하며, 기술 산업과의 시너지 효과도 기대할 수 있습니다.

- 왜 좋은가?

REITs는 안정적인 임대 수익을 기반으로 배당금을 지급하는 구조로, 높은 배당 수익률을 제공하는 경우가 많습니다. 특히 부동산 시장에서 안정적인 수익을 기대할 수 있어 투자자들에게 매력적입니다.

| 결론 |

배당 투자를 할 때는 경기 변동성에 강한 산업(유틸리티, 헬스케어, 필수 소비재 등)의 기업을 먼저 고려하는 것이 안정적인 수익 창출에 유리합니다.

4.3 현금흐름 및 부채 분석
: 배당의 실질적 원천을 확인하라

마지막으로, 배당금을 지급하는 재원이 어디에서 나오는지를 면밀히 분석하는 것이 중요합니다. 겉으로는 큰 이익을 내는 것처럼 보여도, 실제 현금흐름이 부족하거나 과도한 부채를 끌어다 배당금을 지급하고 있는 기업이라면 그 배당은 지속 가능하지 않습니다.

따라서 투자자는 기업의 잉여현금흐름을 반드시 확인해야 하며, 이 현금흐름이 꾸준히 플러스이고, 배당금 지급액을 충분히 확보하고 있는지를 따져보아야 합니다. 또한, 부채비율이 지나치게 높거나 단기 유동성이 취약한 기업은 배당을 유지하기 어려운 구조에 처할 수 있으므로, 재무제표 분석을 통해 기업의 건전성을 직접 확인해야 합니다.

특히 고금리 환경에서는 이자비용이 급격히 증가하면서 배당 여력이 줄어들 수 있기에, 부채 구조와 만기 구조, 금리 노출도 등을 종합적으로 고려해야 합니다.

요약하자면, 배당 투자는 '단순히 돈을 많이 주는 기업'에 투자하는 것이 아니라, '앞으로도 오랫동안 배당을 줄 수 있는 기업'을 고르는 전략입니다. 이를 위해서는 기업의 배당 이력, 산업의 특성, 그리고 실제 현금흐름과 부채 구조까지 함께 고려해야 하며, 이것이 장기적으로 배당 투자의 성과를 좌우하는 핵심 기준이 됩니다.

배당 투자는 결국 안정성과 지속 가능성에 기반한 전략이며, 이 세 가지 원칙은 투자자가 신뢰할 수 있는 배당 포트폴리오를 구성하는 가장 중요한 나침반이 될 것입니다.

| 현금흐름 및 부채 분석: 배당 지속 가능성 점검 |

배당은 기업이 이익을 내야 지급할 수 있기에, 기업의 현금흐름과 부채 수준을 분석하는 것이 필수적입니다.

지표	의미	투자 기준
배당 성향 (Payout Ratio)	순이익 대비 배당금 비율	50~70% 이하 유지
자유 현금흐름 (FCF, Free Cash Flow)	배당 지급 후 남는 현금	배당 지급액보다 많아야 함
부채비율 (Debt-to-Equity Ratio)	기업의 부채 수준	1 이하가 안정적

네이르의 투자 노트

　배당률이 아무리 높아도, 회사의 체력이 뒷받침되지 않으면 그 배당은 오래가지 못합니다.

　"이 회사는 지금 얼마의 배당을 주는가?"보다는 "앞으로 꾸준히 배당을 성장시키며 줄 수 있는가?"를 생각해야 합니다.

5장 배당이 항상 안전하지 않은 이유

― 리스크와 대응 전략

배당 투자는 장기적으로 안정적인 현금흐름을 제공하고 복리 효과를 극대화할 수 있는 강력한 투자 전략입니다. 하지만, 배당 투자에도 여러 가지 리스크가 존재합니다. 배당 투자자는 단순히 배당 수익률이 높은 기업을 선택하는 것이 아니라, 배당 지속 가능성, 경기 변동성, 세금 이슈 등 다양한 요소를 종합적으로 고려해야 합니다.

본 장에서는 배당 투자와 관련된 주요 리스크를 분석하고, 이를 최소화할 수 있는 전략적 대응 방안을 자세히 살펴보겠습니다.

5.1 배당 삭감(Dividend Cut) 위험
: 배당이 줄어드는 경우

1. 배당 삭감이란 무엇인가?

배당 삭감(Dividend Cut)이란 기업이 지급하는 배당금을 줄이거나, 배당을 중단하는 것을 의미합니다. 기업이 배당을 삭감하는 이유는 다양하지만, 일반적으로 기업의 실적 악화, 현금흐름 부족, 경기 침체 등이 원인일 수 있습니다.

2. 배당 삭감이 발생하는 이유

① **기업의 실적 악화**
- 기업의 영업이익이 감소하면, 배당금을 지급할 여력이 줄어듭니다.
- 특히 경기 변동성이 큰 산업(에너지, 금융, 항공 등)의 기업은 실적 악화 시 배당 삭감 가능성이 높음.

> 예)
> - 2020년 코로나19 팬데믹 당시 보잉(BA), 디즈니(DIS) 등 많은 기업이 배당을 중단하거나 삭감함.

② **배당 성향(Payout Ratio) 과도**
- 배당 성향(Payout Ratio)은 기업이 벌어들인 순이익 대비 배당으로 지급하는 비율을 의미합니다.

- 배당 성향이 100%를 초과하거나 지나치게 높은 기업은 실적 악화 시 배당 삭감 위험이 커짐.

  예)
  - 제너럴 일렉트릭(GE)은 한때 높은 배당을 유지했으나, 부채 문제와 실적 악화로 인해 배당을 삭감함.

③ **부채 부담 증가**
- 기업이 지나치게 많은 부채를 보유하면, 이자 지급 부담이 커져 배당을 줄이거나 중단할 가능성이 있음.

  예)
  - 에너지 기업 엑손모빌(XOM)은 2020년 유가 폭락으로 인해 배당 유지가 어려웠으나, 비용 절감과 차입금 활용으로 배당 삭감을 피함.

3. 배당 삭감 위험을 줄이는 전략
① **배당 성장 이력이 긴 기업에 투자**
- 최소 10~20년 이상 배당을 꾸준히 증가시켜 온 기업(배당 귀족, 배당 왕)을 선호하는 것이 중요함.

  예)
  - 코카콜라(KO), 존슨앤드존슨(JNJ), 프록터앤드갬블(PG) 등은 수십 년간 배당을 증가시켜 온 기업.

② 배당 성향이 적정한 기업 선택

- 50~70% 범위의 배당 성향을 유지하는 기업이 안정적임.
- 배당 성향이 100%를 초과하면, 배당 삭감 가능성이 높아질 수 있음.

③ 현금흐름이 안정적인 기업 투자

- 유틸리티, 헬스케어, 필수 소비재 등의 경기 방어적 섹터 기업은 경기 침체에도 배당을 유지하는 경향이 있음.

  > 예)
  > - 코카콜라(KO), 존슨앤드존슨(JNJ), 프록터앤드갬블(PG), 넥스트에라에너지(NEE)

④ 부채비율 낮고 재무 건전성이 높은 기업 선택

- 부채비율이 과도하게 높은 기업은 배당 삭감 가능성이 높음.
- 부채비율이 낮고, 현금 보유량이 많은 기업이 장기적으로 안전함.

5.2 경기 변동과 배당 투자
: 경제 위기가 배당에 미치는 영향

1. 경기 변동이 배당에 미치는 영향

배당주는 경기 변동에 따라 영향을 받을 수 있습니다. 특히, 주기적으로 발생하는 경기 침체 기간에는 기업의 실적이 악화하면서 배당 삭감이 발생할 위험이 커집니다.

① 경기 침체 시 배당 유지 가능성이 높은 업종

- 필수 소비재(S&P 500 Consumer Staples) … 프록터앤드갬블(PG), 코카콜라(KO), 월마트(WMT)
- 유틸리티(S&P 500 Utilities) … 넥스트에라 에너지(NEE), 듀크 에너지(DUK)
- 헬스케어(S&P 500 Healthcare) … 존슨앤드존슨(JNJ), 애브비(ABBV)

② 경기 침체 시 배당 감소 가능성이 높은 업종

- 에너지 업종 … 유가 변동에 취약 (엑손모빌 XOM, 셰브론 CVX)
- 금융 업종 … 금리 변동에 영향 (JP모건 JPM, 뱅크오브아메리카 BAC)

2. 경기 변동 리스크를 줄이는 전략

① 경기 방어적인 기업 중심의 포트폴리오 구성

② 고배당주보다는 배당 성장주 위주로 투자

③ 경기 침체기에 배당 재투자를 통해 저점 매수 효과 극대화

네이르의 투자 노트

　무엇보다 중요한 건, 기업의 배당 정책이 '말'이 아닌 '습관'처럼 반복됐는가입니다.

　배당을 신뢰하고 믿는 건 좋지만, 배당을 '검증'하고 '관리'하는 건 투자자의 책임입니다.

3부

종목 선정과 포트폴리오 설계

1장 배당 투자 종목 선정 기준

배당 투자는 안정적인 현금흐름과 장기적인 자산 증식을 목표로 하는 전략입니다. 그러나 모든 배당주가 동일한 가치를 제공하는 것은 아닙니다. 이 장에서는 배당 투자 종목을 선택하는 기준과 효과적인 포트폴리오를 구성하는 방법에 대해 상세히 알아보겠습니다.

배당 투자의 성공적인 수행은 신중하고 전략적인 종목 선택에 달려 있습니다. 특히 배당 투자는 단기적인 수익보다 장기적인 성과를 추구하기 때문에, 종목을 선택할 때 배당 성장성, 재무 건전성, 배당 수익률과 배당 성향의 균형 등을 종합적으로 고려해야 합니다.

1.1 배당 성장성

배당 투자에서 가장 중요한 요소 중 하나는 배당 성장성입니다. 즉, 기업이 배당금을 얼마나 꾸준히, 그리고 안정적으로 증가시켜 왔는지를 평가하는 것이 중요합니다. 배당 성장성이 높다면, 그 기업은 지속적으로 수익을 창출할 능력을 가지고 있으며, 이는 장기적으로 안정적인 배당 수익을 기대할 수 있다는 의미입니다.

1. 배당 성장성이 중요한 이유

① **안정적인 수익 성장**: 배당금을 꾸준히 증가시키는 기업은 지속 가능한 수익을 창출할 능력을 보유하고 있다는 것을 의미합니다. 이는 기업의 경영진이 장기적인 계획이 있으며, 수익 기반이 탄탄하다는 증거입니다.

② **인플레이션 헤지**: 배당이 지속적으로 증가하면, 인플레이션으로 인한 구매력 감소를 상쇄할 수 있습니다. 물가 상승으로 인해 현금 가치가 줄어들더라도, 배당이 증가하면 실질적인 수익을 보장할 수 있습니다.

③ **시장 신뢰도**: 오랜 기간 배당을 증가시킨 기업은 투자자들에게 높은 신뢰를 주며, 이는 주가의 안정성에도 긍정적인 영향을 미칩니

다. 또한, 배당 증가가 기업의 성장성과 직결되기 때문에 주식에 대한 수요를 높이는 역할을 합니다.

2. 배당 성장성을 평가하는 방법

배당 성장성을 정확히 평가하려면, 다음의 몇 가지 지표를 확인해야 합니다.

① **배당 성장률**: 지난 5년, 10년, 20년간의 연평균 배당 성장률(CAGR)을 분석하여 기업이 배당을 얼마나 꾸준히 증가시켜 왔는지를 파악합니다.

② **배당 지급 비율(Payout Ratio)**: 배당 성장과 함께 배당 지급 비율이 급격히 증가하지 않았는지를 확인하는 것이 중요합니다. 배당 지급 비율이 지나치게 높은 경우, 기업의 배당 성장 능력이 의문이 될 수 있습니다.

③ **기업의 성장 전략**: 기업이 미래에도 배당을 증가시킬 수 있는 성장 동력을 보유하고 있는지를 평가합니다. 이는 기업의 제품 라인, 시장 점유율, 경쟁력, 새로운 수익 모델 등을 포함한 전략을 분석하는 과정입니다.

1.2 재무 건전성

배당 투자의 성공을 위해서는 기업의 재무 건전성이 매우 중요합니다. 배당금을 지급하는 능력은 기업의 재무 상태에 크게 의존하기 때문에, 재무가 건전한 기업일수록 안정적인 배당 지급이 가능합니다. 재무 상태가 불안정한 기업은 경제적 충격이나 경기 침체 등 외부 요인에 의해 배당이 삭감될 위험이 큽니다.

1. 재무 건전성이 중요한 이유

① 배당 지속 가능성 확보: 재무 상태가 견고한 기업일수록 배당을 안정적으로 지급할 수 있습니다. 즉, 배당 삭감 위험을 줄이고, 배당을 지속적으로 지급할 수 있는 능력을 가집니다.

② 위험 관리: 부채가 과도한 기업은 경제적 충격에 취약하여 배당을 삭감할 가능성이 높습니다. 특히 경기 불황이 오거나 기업 수익이 감소할 경우, 부채비율이 높은 기업은 배당을 줄이거나 중단할 위험이 있습니다.

③ 장기 투자 매력도 증가: 재무 건전성이 높은 기업은 장기적인 성장 가능성과 안정성을 나타내므로 장기적인 관점에서 투자 매력도가 높습니다.

2. 재무 건전성을 평가하는 지표

기업의 재무 상태를 평가하기 위한 주요 지표는 다음과 같습니다.

① **부채비율(Debt-to-Equity Ratio)**: 기업의 부채와 자기자본의 비율로, 부채비율이 낮을수록 재무 안정성이 높습니다.

② **이자보상배율(Interest Coverage Ratio)**: 기업의 영업이익이 이자비용을 얼마나 커버하는지를 나타냅니다. 이 비율이 높을수록 이자비용을 감당할 능력이 뛰어나므로, 배당을 안정적으로 지급할 수 있습니다.

③ **현금흐름표 분석**: 영업활동현금흐름(Operating Cash Flow)이 일관되게 양(+)의 값을 유지하고 있는지 확인합니다. 현금흐름이 좋지 않으면 배당 지급에 어려움을 겪을 수 있습니다.

④ **순이익 변동성**: 순이익이 꾸준히 증가하거나 안정적인 패턴을 보이는지 살펴봅니다. 순이익의 변동성이 크다면, 배당 지급이 불안정할 수 있습니다.

3. 기업의 재무 상태를 분석하는 방법

① **재무제표 검토**: 기업의 손익계산서, 재무상태표, 현금흐름표를 상

세히 분석하여 재무 건전성을 평가합니다.

② **신용등급 확인**: 신용평가 기관의 기업 신용등급을 참고하여 부도 위험을 평가합니다. 신용등급이 낮은 기업은 배당 지속 가능성에 의문을 제기할 수 있습니다.

③ **산업 평균과 비교**: 동일 산업 내 다른 기업들과 재무제표를 비교하여 상대적인 위치를 파악합니다.

1.3 배당 수익률과 배당 성향

배당 수익률과 배당 성향은 배당 투자에서 중요한 역할을 합니다. 하지만 배당 수익률이 지나치게 높은 기업은 위험할 수 있습니다. 배당 수익률이 높다는 것은 주가가 하락하거나 기업의 이익이 감소했음을 의미할 수 있기 때문입니다. 또한 기업이 배당금을 지급하는 데 필요한 자금을 재투자하지 못하고 있음을 의미할 수도 있습니다.

1. 배당 수익률의 이해

① **배당 수익률(Dividend Yield)**: 주당 배당금을 주가로 나눈 값으

로, 투자 자본 대비 배당 수익의 비율을 나타냅니다.

② **높은 배당 수익률의 함정**: 배당 수익률이 매력적으로 보일 수 있지만, 이는 주가 하락으로 인해 수익률이 높아진 경우일 수 있습니다. 주가가 하락한 이유가 기업의 재무 불안정성 때문이라면, 고배당을 지속할 가능성이 작습니다.

2. 배당 성향의 중요성

① **배당 성향(Payout Ratio)**: 기업의 순이익 중 얼마를 배당으로 지급하는지를 나타내는 비율입니다. 너무 높은 배당 성향은 기업이 배당금을 지급하기 위해 이익을 재투자하지 못하게 할 수 있습니다.

② **적정한 배당 성향**: 40~70% 수준이 바람직하며, 너무 높거나 낮은 배당 성향은 배당의 지속 가능성에 의문을 제기할 수 있습니다.

3. 배당 수익률과 배당 성향의 균형 잡기

배당 수익률과 배당 성향을 균형 있게 분석하는 것이 중요합니다. 배당 수익률이 높더라도, 배당 성향이 100%에 가까운 경우, 미래에 배당 지급이 어려울 수 있습니다. 또한, 기업이 성장하는 데 필요한 재투자를 하기 위해서는 적절한 배당 성향을 유지해야 합니다.

① 지속 가능성 평가: 배당 수익률이 높더라도 배당 성향이 지나치게 높다면, 미래 배당 지급이 어려울 수 있습니다. 배당 성향이 지나치게 높은 기업은 배당을 삭감할 위험이 큽니다.

② 이익 재투자 여력 고려: 기업이 지속적으로 성장하기 위해서는 이익 재투자가 필요합니다. 배당 성향이 너무 높으면, 기업이 미래 성장을 위한 자금을 확보하지 못할 수 있습니다.

네이르의 투자 노트

배당 수익률이 높다고 해서 무조건 좋은 기업은 아닙니다.
그 수익이 얼마나 오래 지속될 수 있는지, 회사의 재무 상태는 어떤지, 그리고 배당 성장성과 배당 성향이 균형을 이루고 있는지를 함께 봐야 합니다.
결국 배당의 핵심은 순간의 퍼포먼스가 아니라, 구조의 지속 가능성에서 나오는 것입니다.

등급별 배당주 살펴보기

배당 투자를 할 때, 기업을 선택하는 중요한 기준 중 하나는 그 기업이 얼마나 오랫동안 꾸준히 배당을 올렸나 입니다. 이는 기업의 재무 건전성, 수익성, 그리고 주주 친화적인 경영 방침을 나타내는 중요한 지표입니다. 이 장에서는 배당 지급 이력에 따라 기업을 등급별로 분류하고, 각 등급의 특징과 투자 시 고려해야 할 사항에 대해 자세히 알아보겠습니다.

1. 배당 왕(Dividend Kings)

[정의 및 개요]

배당 왕은 50년 이상 연속으로 배당금을 증가시켜온 기업을 말합니다. 이는 반세기 동안 한 해도 빠짐없이 배당을 늘려왔다는 뜻으로, 기업의 경영 안정성과 지속 가능한 수익 창출 능력을 강력히 입증하는 것입니다.

[특징]

- 최고 수준의 신뢰성: 배당 왕에 속한 기업들은 수십 년에 걸쳐 다양한 경제 상황과 시장 변동성에도 불구하고 배당을 꾸준히 증가시켰습니다. 이는 투자자들에게 높은 신뢰도를 제공합니다.
- 안정적인 사업 모델: 이들 기업은 경기 변동에 상대적으로 덜 민감한 산업에 종사하거나, 독점적인 시장 지위를 확보하고 있어 안정적인 수익을 창출합니다.
- 글로벌 브랜드 파워: 배당 왕 기업들은 대체로 전 세계적으로 인지도가 높은 브랜드를 보유하고 있어 소비자들의 꾸준한 지지를 받습니다.

[대표적인 배당 왕 기업]

- 프록터앤드갬블(Procter & Gamble, PG)
  - 산업 분야: 소비재 (화장품, 생활용품 등)
  - 특징: 많은 사람들이 사용하는 일상용품을 생산하여 안정적인 수요를 확보하고 있습니다.
  - 배당 이력: 1950년대부터 현재까지 65년 이상 연속 배당 증가.
- 코카콜라(Coca-Cola, KO)
  - 산업 분야: 식음료
  - 특징: 세계적인 음료 브랜드로, 광범위한 유통망과 브랜드 충성도를 보유하고 있습니다.
  - 배당 이력: 50년 이상 연속 배당 증가.

[투자 시 고려사항]

- 낮은 성장률: 이미 성숙 단계에 있는 기업들이 많아 매출이나 이익 성장률은 상대적으로 낮을 수 있습니다.
- 주가 변동성: 안정적인 배당 지급에도 불구하고, 시장 전체의 변동성에 따라 주가가 움직일 수 있습니다.
- 배당 수익률 확인: 배당금이 꾸준히 증가하더라도 현재 주가 대비 배당 수익률이 높은지 확인해야 합니다.

[투자자에게 적합한 이유]

배당 왕 기업들은 안정적인 현금흐름과 오랜 배당 증가 이력을 통해 보수적인 투자 성향이 있는 투자자들에게 적합합니다. 특히 은퇴자나 안정적인 수입을 원하는 분들에게 매력적입니다.

2. 배당 귀족(Dividend Aristocrats)

[정의 및 개요]

배당 귀족은 25년 이상 연속으로 배당금을 증가시킨 기업을 의미합니다. 배당 왕보다 기간은 짧지만, 여전히 장기간에 걸쳐 배당 성장 기록을 유지하고 있습니다. S&P 500 지수에 포함된 기업 중 이러한 요건을 충족하는 기업들이 배당 귀족 지수(S&P 500 Dividend Aristocrats Index)를 구성합니다.

[특징]

- 균형 잡힌 안정성과 성장성: 배당 왕에 비해 상대적으로 젊은 기업들이 포함되어 있어 성장 잠재력이 더 높을 수 있습니다.
- 다양한 산업 분야: 금융, 산업재, 헬스케어 등 다양한 섹터의 기업들이 포함되어 있어 포트폴리오 다각화에 유리합니다.
- 투자 용이성: 배당 귀족 지수를 추종하는 ETF가 있어 쉽게 투자할 수 있습니다.

[대표적인 배당 귀족 기업]

- 엑손모빌(Exxon Mobil Corporation, XOM)
  - 티커명: XOM
  - 산업 분야: 에너지 (석유·가스 탐사 및 정제)
  - 특징: 세계 최대 규모의 통합 에너지 기업 중 하나로, 원유 및 천연가스 생산, 정제, 유통 등 전 과정을 아우릅니다. 에너지 수요 회복과 원유 가격 상승 시 수익성이 크게 증가합니다.
  - 배당 이력: 40년 이상 연속 배당 증가.
- 셰브론(Chevron Corporation, CVX)
  - 티커명: CVX
  - 산업 분야: 에너지 (석유·가스 탐사 및 정제)
  - 특징: 엑손모빌과 함께 미국을 대표하는 통합 석유회사로, 글로벌 에너지 공급망에서 핵심적인 역할을 합니다. 보수적인 재무 구조와 안정적인 배당 정책으로 장기 투자자에게 인기가 높습니다.

- 배당 이력: 37년 이상 연속 배당 증가.

[투자 시 고려사항]
- 기업의 성장 전략 파악: 배당 귀족 기업들은 성장과 안정성을 모두 추구하므로, 미래 성장 동력이 무엇인지 파악해야 합니다.
- 배당 성향 확인: 배당 지급 비율이 적정 수준인지 확인하여 배당의 지속 가능성을 평가합니다.
- 경쟁 환경 분석: 산업 내 경쟁 상황과 시장 점유율 변화를 살펴봅니다.

[투자자에게 적합한 이유]

배당 귀족 기업들은 안정적인 배당과 함께 성장 잠재력을 갖추고 있어 중장기적인 자산 증식을 원하는 투자자들에게 적합합니다. 또한 다양한 산업에 걸쳐 있어 포트폴리오의 리스크 분산에도 도움이 됩니다.

3. 배당 챔피언(Dividend Champions)

[정의 및 개요]

배당 챔피언은 10년 이상 연속으로 배당금을 증가시킨 기업을 말합니다. 배당 왕이나 배당 귀족보다 기간은 짧지만, 여전히 꾸준한 배당 성장을 보여주고 있습니다. 이 등급에는 중견 기업이나 성장 단계에 있는 기업들도 포함됩니다.

[특징]

- 성장 잠재력: 아직 성장 단계에 있는 기업들이 많아 미래의 배당 증가 가능성이 높습니다.
- 다양성: 대형주부터 중, 소형주까지 다양한 규모의 기업들이 포함되어 있어 선택의 폭이 넓습니다.
- 배당 증가 속도: 초기 성장 단계에 있는 만큼 배당 증가율이 높을 수 있습니다.

[투자 시 고려사항]

- 재무 상태 검토: 성장 단계에 있는 기업들은 투자와 재무 구조가 불안정할 수 있으므로 재무제표를 꼼꼼히 살펴봐야 합니다.
- 경쟁력 평가: 시장에서의 경쟁 우위와 미래 성장 동력을 확인합니다.
- 배당 정책 이해: 배당 지급 비율이 너무 높지 않은지, 기업의 재투자 여력이 충분한지 평가해야 합니다.

[투자자에게 적합한 이유]

배당 챔피언 기업들은 성장성과 배당 수익을 동시에 추구하는 투자자들에게 매력적입니다. 특히 장기적인 성장 잠재력을 가진 기업을 발굴하여 오랜 기간 투자하고자 하는 분들에게 적합합니다.

4. 배당 블루칩(Dividend Blue-Chip Stocks)

[정의 및 개요]

배당 블루칩은 안정적인 배당을 주는 우량주를 의미합니다. 꼭 배당 증가 이력이 길지 않더라도, 기업의 규모, 시장 지위, 재무 안정성 등을 고려하여 우량한 배당주로 인정받는 기업들입니다.

[특징]

- 재무 건전성: 강력한 재무 상태와 안정적인 현금흐름을 보유하고 있어 배당 지급 능력이 높습니다.
- 높은 시장 지위: 해당 산업에서 선도적인 위치를 차지하고 있으며, 브랜드 인지도가 높습니다.
- 주주 환원 정책: 배당뿐만 아니라 자사주 매입 등을 통해 주주 가치를 높이는 데 집중합니다.

[대표적인 배당 블루칩 기업]

- 애플(Apple, AAPL)
  - 산업 분야: 기술 (하드웨어와 소프트웨어)
  - 특징: 혁신적인 제품과 서비스로 글로벌 시장을 선도하고 있습니다.
  - 배당 이력: 배당 지급 기간은 비교적 짧지만, 대규모 자사주 매입과 함께 주주 환원에 적극적입니다.

- 마이크로소프트(Microsoft, MSFT)
  - 산업 분야: 기술 (소프트웨어, 클라우드 서비스)
  - 특징: 클라우드 사업의 성장으로 안정적인 수익 창출.
  - 배당 이력: 꾸준한 배당 증가와 자사주 매입을 통해 주주 가치를 제고하고 있습니다.

[투자 시 고려사항]

- 성장성과 배당의 균형: 블루칩 기업들은 성장성과 안정성을 겸비하고 있으므로, 이들의 균형을 잘 파악해야 합니다.
- 산업 트렌드 이해: 기술 분야처럼 빠르게 변화하는 산업의 경우 시장 트렌드와 기술 혁신에 대한 이해가 필요합니다.
- 배당 수익률 확인: 일부 블루칩 기업은 배당 수익률이 낮을 수 있으므로, 배당 이외의 주주 환원 방법도 고려해야 합니다.

[투자자에게 적합한 이유]

배당 블루칩 기업들은 안정적인 배당과 함께 성장 잠재력을 제공하여 위험을 최소화하면서도 수익을 추구하는 투자자들에게 적합합니다. 또한, 기술 혁신이나 글로벌 확장을 통해 추가적인 자본 이득을 기대할 수 있습니다.

5. 등급별 배당주 투자 전략 요약

- **배당 왕**: 최우선의 안정성과 신뢰성을 추구하는 투자자에게 적합하며, 현금흐름의 안정성을 중시합니다.
- **배당 귀족**: 안정성과 성장의 균형을 원하는 투자자에게 적합하며, 다양하게 분산된 포트폴리오 구성이 가능합니다.
- **배당 챔피언**: 성장 가능성이 높은 기업에 장기 투자하고자 하는 투자자에게 적합하며, 배당 증가를 통한 자본 증식을 목표로 합니다.
- **배당 블루칩**: 안정적인 배당과 기업의 성장성을 모두 누리고 싶은 투자자에게 적합하며, 대형 우량주의 안전성을 제공합니다.

[투자 시 공통으로 고려해야 할 사항]

- **재무 건전성 평가**: 모든 등급에서 기업의 재무 안정성은 배당의 지속 가능성을 결정짓는 핵심 요소입니다.
- **산업 전망 분석**: 각 기업이 속한 산업의 성장 전망과 리스크를 평가하여 장기적인 투자의 적합성을 판단해야 합니다.
- **배당 정책의 이해**: 기업의 배당 지급 의지와 정책의 일관성을 파악하여 예측할 수 있는 투자 수익을 확보합니다.
- **분산 투자**: 다양한 등급과 산업에 걸쳐 포트폴리오를 구성하여 리스크를 최소화하고 수익 기회를 확대합니다.

배당주 등급별 분석을 통해 투자자는 자신의 투자 목표와 위험 허용 범위에 맞는 종목을 선택할 수 있습니다. 배당 왕부터 배당 블루칩까지 각 등급의 특징과 장단점을 이해하고, 이를 기반으로 전략적인 포트폴리오를 구성한다면 안정적인 배당 수익과 자본 성장을 동시에 달성할 수 있을 것입니다.

네이르의 투자 노트

투자를 하다 보면 유난히 나와 잘 맞는 기업들이 있습니다. 주식을 매수하기 전에는 많은 고민과 공부를 하며 신중하게 결정하지만, 모든 주식이 늘 내 뜻대로 움직여주지는 않습니다. 하지만 이상하게도 나와 잘 맞는 기업은 꾸준히 가고, 오래 들고 가게 됩니다.

그래서 저는 이렇게 생각합니다.

한 종목에 감정적으로 빠지기보다는, 인생의 파트너처럼 함께할 기업을 찾는 게 중요합니다. 그런 기업을 만나게 된다면, 오랜 시간 함께 가보시길 진심으로 추천해 드립니다.

결국 배당의 핵심은 순간의 퍼포먼스가 아니라, 구조의 지속 가능성에서 나오는 것입니다.

ETF vs. 개별주
: 배당 투자자의 전략적 선택

배당 투자는 안정적인 수익을 창출하면서 장기적으로 자산을 증식할 수 있는 강력한 투자 전략입니다. 배당 투자를 실행하는 방식에는 크게 배당 ETF(상장지수펀드)와 개별 배당주 직접 투자 두 가지가 있으며, 최근에는 커버드콜 전략을 활용하는 상품(YieldMax ETF 등) 도 인기를 끌고 있습니다.

이 두 가지 방식은 각각의 장단점을 가지고 있으며, 투자자의 목표, 리스크 감내 수준, 투자 기간 등에 따라 적절한 선택이 필요합니다. 본 장에서는 배당 ETF, 개별 배당주, 그리고 커버드콜 기반의 ETF(YieldMax 시리즈 등)를 비교하고, 효율적인 포트폴리오 전략을 제시하겠습니다.

3.1 배당 ETF: 리스크 분산과 안정성을 위한 투자

1. 배당 ETF란?

배당 ETF(Exchange-Traded Fund)는 여러 개의 배당주를 한데 묶어 운용하는 펀드로, 한 종목만 매수해도 다양한 배당주에 분산 투자할 수 있는 장점이 있습니다.

배당 ETF는 주로 배당 수익률이 높은 기업 또는 배당을 꾸준히 증가시키는 기업(배당 성장주) 위주로 구성되며, 투자자들에게 안정적인 현금 흐름을 제공합니다.

2. 대표적인 배당 ETF 종류 및 특징

배당 ETF는 크게 배당 성장형 ETF와 고배당 ETF로 나뉩니다.

[배당 성장형 ETF (배당 증가 기업 중심)]

이 유형의 ETF는 꾸준히 배당을 증가시키는 기업을 중심으로 구성됩니다. 배당의 안정성과 성장 가능성이 높아 장기 투자에 유리합니다.

[SCHD (Schwab U.S. Dividend Equity ETF)]
- 배당 성장 기업을 중심으로 구성된 ETF
- 배당 성장이 지속 가능한 기업 위주로 투자하며, 주로 재무 건전

성이 높은 기업이 포함됨
- 지난 10년간 연평균 10% 이상의 안정적인 수익률 기록
- 주요 보유 종목: 브로드컴(AVGO), 텍사스 인스트루먼트(TXN), 코카콜라(KO) 등

[NOBL (ProShares S&P 500 Dividend Aristocrats ETF)]
- 배당 귀족(25년 이상 연속 배당 증가 기업) 을 중심으로 구성된 ETF
- 경기 침체 시 방어적인 성격이 강하며, 배당 안정성이 높은 기업 위주
- 주요 보유 종목: 프록터앤드갬블(PG), 존슨앤드존슨(JNJ), 3M(MMM) 등

[고배당 ETF (높은 배당 수익률 중심)]

이 유형의 ETF는 배당 수익률이 높은 기업을 중심으로 구성됩니다. 다만, 배당 지속 가능성을 고려해야 합니다.

- VYM (Vanguard High Dividend Yield ETF)
  - 배당 수익률이 높은 대형주를 포함하는 ETF
  - 주로 금융, 헬스케어, 필수 소비재 기업 중심으로 구성됨
  - 배당 성장보다는 안정적인 배당 지급을 목표로 함

- 주요 보유 종목: JP모건체이스(JPM), 존슨앤드존슨(JNJ), 엑슨모빌(XOM) 등
• HDV (iShares Core High Dividend ETF)
- 고배당주 + 경기 방어주 중심으로 구성
- 경기 침체에도 비교적 안정적인 배당을 지급하는 기업 다수 포함
- 주요 보유 종목: 에이티엔티(T), 버라이즌(VZ), 엑손모빌(XOM) 등

3.2 YieldMax ETF (커버드콜 전략)

최근에는 배당 투자자들 사이에서 커버드콜 옵션 전략을 활용하는 YieldMax ETF 가 주목받고 있습니다.

[YieldMax ETF란?]

• 특정 개별 주식(테슬라, 애플, 엔비디아 등)을 기반으로 커버드콜 옵션을 활용하여 수익을 창출하는 ETF.
• 기존 배당 ETF보다 더 높은 월간 배당(수익 배분) 제공 가능.
• 대표적인 YieldMax ETF에는 TSLY(테슬라 기반), APLY(애플 기반), NVDY(엔비디아 기반) 등이 있음.

[YieldMax ETF의 장점]

- 고배당 수익률 (월배당 지급)
- 주식 상승, 하락에 관계없이 프리미엄 수익 창출 가능
- 개별 종목을 직접 운용하지 않고도 옵션 수익을 받을 수 있음

[YieldMax ETF의 단점]

- 주가 상승 시, 수익이 제한될 수 있음(커버드콜 전략의 특성)
- 주가 하락시 리스크 관리에 어려움 발생
- 옵션 시장의 변동성에 따라 배당(수익)이 일정하지 않을 수 있음

[YieldMax ETF의 주요 전략]

- 주가 상승시에도 월배당을 통한 고배당을 받아 현금 흐름을 창출 할 수 있는 장점이 있지만 기준이 되는 개별주식(테슬라, 엔비디아 등)의 상승분을 추월하기 힘든 구조를 가지고 있음
- 주가 하락 시에는 현금흐름 창출로 인해서 리스크 관리에 도움이 될 수 있긴 하나 반대로 주가 하락과 배당락이 겹치게 되어 손해율이 상당히 높아지는 현상을 보임.
- 주요한 활용방법으로, 개별적으로 투자하는 주식이 상승하여 양도 소득세가 너무 많이 발생할 것을 대비하여 배당락으로 마이너스 수익을 나타내고 있는 배당주를 매도하여 양도 소득세율을 경감시키는 전략적 활용이 필요한 종목임.

네이르의 투자 노트

　우리가 보통 주식을 하는 이유는 수익을 내기 위해서입니다. 당연히 개별 주식도 그렇고 배당주식도 높은 배당을 주는 주식이 눈에 들어오기 마련입니다. 그러다 보니 언젠가 이슈화된 YieldMax ETF의 주식들이 눈에 들어오게 될 겁니다. 과연 이렇게 높은 배당을 주고 나면 배당락을 견딜 수 있을까 하는 의구심이 들어 공부 차원에서 몇 가지 종류별로 사본 적이 있습니다.

　결론은 현금흐름 창출에서는 탁월하지만, 수익률 부분에서 좋은지 모르겠다는 답을 얻게 되었습니다. 처음 배당을 접하게 되시는 분들은 배당락 생각을 못 하고 수익률에 눈이 멀어 덥석 사는 경우가 종종 있습니다. 그러다 몇 달 지나고 계좌에 마이너스가 점점 깊어지는 걸 보고서야 "아, 뭔가 잘못되고 있구나!" 하실 수 있습니다. 물론 개중에 코인베이스나 마이크로스트레티지 그리고 엔비디아처럼 폭등할 때는 수익을 낼 수 있긴 하지만, 이것 또한 오래가지 못하리라는 생각이 듭니다. 그렇기에 항상 적정한 배당률과 배당락을 유념하시면 좋겠습니다.

　추가로 저는 일정 부분 YieldMax ETF인 TSLY ETF를 보유하고 있습니다. 배당주 외에 다른 주식으로 일정 부분 수익이 나서 양도 소득세를 절세하는 방법의 하나로 말입니다.

4장 배당주 포트폴리오 구성 전략 투자 목표에 따른 조합

배당 투자는 투자자의 목표, 리스크 감내 수준, 투자 기간 등에 따라 포트폴리오 구성 방식이 달라질 수 있습니다. 배당 포트폴리오는 크게 안정형, 고수익형, 균형형으로 나뉘며, 각각의 특징과 투자 전략을 이해하는 것이 중요합니다.

배당주 포트폴리오를 구성할 때는 다음과 같은 요소를 고려해야 합니다.

배당 성장 vs. 고배당
꾸준한 배당 증가 기업과 높은 배당 수익률을 제공하는 기업의 균형

ETF vs. 개별주
리스크 분산을 위해 ETF를 활용할지, 특정 개별 기업에 집중할지 결정

커버드콜 전략 활용 여부
배당 수익을 극대화하기 위해 커버드콜 ETF를 포함할지 여부

4.1 안정형 포트폴리오
: 장기 성장과 안정성을 추구하는 투자자

목표: 배당의 안정성과 지속적인 성장, 변동성을 낮춘 장기 투자
구성: 배당 성장 ETF + 배당 귀족주 중심

이 포트폴리오는 배당이 꾸준히 증가하는 기업과 배당 성장 ETF를 중심으로 구성되며, 경기 변동성에 강한 배당 귀족주가 포함됩니다.

1. 추천 배당 성장 ETF

- SCHD (Schwab U.S. Dividend Equity ETF): 재무 건전성이 높은 배당 성장주 중심
- NOBL (ProShares S&P 500 Dividend Aristocrats ETF): 배당 귀족(25년 이상 배당 증가 기업)으로 구성

2. 추천 개별 배당 귀족주 (배당 성장주)

- 코카콜라(KO): 60년 이상 배당 증가, 안정적인 소비재 기업
- 프록터앤드갬블(PG): 필수 소비재 대표 기업, 경기 방어적 성향
- 존슨앤드존슨(JNJ): 헬스케어 산업, 배당 지속 가능성 높음

○ 전략
- 주가 변동성이 낮고 배당을 지속적으로 증가시키는 기업 위주로 구성
- 경기 침체에도 꾸준히 배당을 지급하는 필수 소비재, 헬스케어, 유틸리티 섹터 중심

4.2 고수익형 포트폴리오
: 높은 배당 수익률과 월배당을 원하는 투자자

목표: 높은 배당 수익률(연 7~12% 이상), 월배당 수익 창출
구성: 고배당 ETF + 커버드콜 ETF

고수익형 포트폴리오는 배당 수익률이 높은 ETF와 커버드콜 전략을 활용하는 ETF를 포함하여 매월 안정적인 현금흐름을 창출하는 데 집중합니다.

1. 추천 고배당 ETF
- VYM (Vanguard High Dividend Yield ETF): 대형 고배당주 중심
- HDV (iShares Core High Dividend ETF): 헬스케어, 에너지, 통신 업종 포함

2. 추천 커버드콜 ETF

- QYLD (Global X Nasdaq 100 Covered Call ETF): 나스닥 100 기반 커버드콜 전략, 월배당 지급
- JEPI (JPMorgan Equity Premium Income ETF): S&P 500 기반 옵션 프리미엄 전략, 변동성 완화, 월배당 지급

  ○ 전략
  - 배당 수익률이 높은 종목과 월배당 지급 상품을 결합해 월별 현금흐름을 극대화
  - 커버드콜 ETF를 활용하여 옵션 프리미엄 수익을 추가 확보
  - 다만, 커버드콜 ETF는 주가 상승 시 수익이 제한될 수 있으므로 포트폴리오의 일부로 활용

4.3 균형형 포트폴리오
: 성장성과 배당 수익률을 조화롭게 유지

목표: 배당 성장과 수익률을 균형 있게 유지, 장기적인 안정성 확보
구성: 배당 성장주 + 배당 ETF + 일부 고배당주

이 포트폴리오는 배당 성장과 고배당을 조합하여 장기적인 성장과 안정적인 배당 수익을 동시에 추구하는 전략입니다.

1. 추천 배당 성장 ETF
- SCHD: 장기 배당 성장 가능성이 높은 기업 위주
- NOBL: 배당 귀족주 중심으로 안정적인 배당 지급

2. 추천 고배당 ETF
- VYM: 배당 수익률이 높은 종목을 포함
- HDV: 경기 방어적인 고배당주 포함

3. 추천 개별 배당주 (배당 성장 + 고배당 혼합)
- 애브비(ABBV): 헬스케어 기업, 고배당과 성장성 보유
- JP모건체이스(JPM): 금융권 대표 배당주
- 엑손모빌(XOM): 에너지 기업, 배당 지급 안정성 확보
- 버라이즌(VZ): 통신 기업, 6% 이상의 높은 배당 수익률

  ○ 전략
  - 배당 성장과 고배당 종목을 균형 있게 배치하여 리스크를 분산
  - 배당 재투자(DRIP) 전략을 활용하여 복리 효과 극대화
  - 시장 변동성에도 포트폴리오의 배당 수익이 안정적으로 유지되도록 구성

4.4 요약
: 투자 스타일별 최적의 배당 포트폴리오 선택

투자 스타일	구성 요소	기대 수익률	특징
안정형	배당 성장 ETF + 배당 귀족주	연 6~8%	장기적인 배당 증가와 안정성 중시
고수익형	고배당 ETF + 커버드콜 ETF	연 7~12%	높은 배당 수익률, 월배당, 옵션 수익 포함
균형형	배당 성장주 + 배당 ETF + 일부 고배당주	연 7~10%	성장과 수익률을 균형 있게 유지

각 투자자의 리스크 허용 범위와 투자 목적에 따라 적절한 배당 포트폴리오를 선택하는 것이 중요합니다.

배당 투자는 장기적인 관점에서 복리 효과를 극대화하고, 경기 변동성 속에서도 안정적인 현금흐름을 유지할 수 있는 강력한 투자 전략입니다.

[투자 아이디어]

- 배당 성장주(장기적 배당 성장 전략)
  - 예시 ETF: SCHD
  - 투자 아이디어: 20년간 꾸준히 배당을 증가시킨 종목을 보유하고 있어 초기 배당은 낮을 수 있지만, 장기적으로 투자 원금 대비 배당 수익률(Yield on Cost)이 크게 상승할 수 있습니다. 장기 투자에 적합하며 은퇴 준비를 위한 최적의 전략입니다.

- SCHD는 꾸준한 성장세를 유지하며 장기적인 안정성과 점진적인 자산 증식을 추구하는 특징을 나타냅니다.

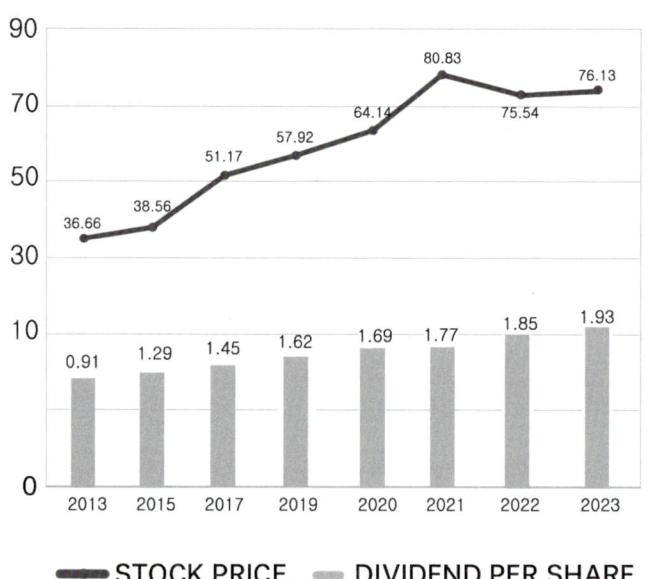

출처: Yahoo Finance (2024.12 기준), ChatGPT(OpenAI)를 활용한 저자 재구성

- 고배당 커버더콜 (즉각적인 현금흐름 전략)
  - 예시 ETF: JEPI
  - 투자 아이디어: 상대적으로 높은 배당 수익률(연 7% 이상)을 제공하며, 즉시 수동적 소득을 창출할 수 있습니다. 은퇴 후 생활비 마련이나, 경제적 자유를 빠르게 실현하려는 투자자에게 적

합합니다.

- JEPI는 보다 빠르고 강력한 배당과 주가 성장을 추구하며 상대적으로 더 높은 변동성을 가지는 특성을 보입니다.

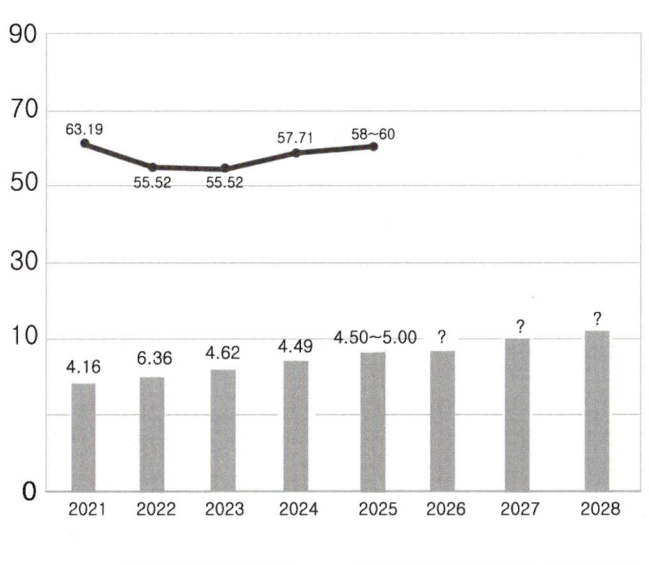

출처: Yahoo Finance (2024.12 기준), ChatGPT(OpenAI)를 활용한 저자 재구성

[ETF 비교표 (예: SCHD vs JEPQ)]

항목	SCHD	JEPQ
연평균 주가 수익률 (5년)	10.2%	8.4%
연평균 배당 수익률 (2024)	3.4%	11.5%
총수익률 (5년 누적)	63%	71%
배당 지급 빈도	분기	월간
구성 자산 성격	배당 성장	커버드콜 성장 혼합
출처	Yahoo Finance (2024.12)	ETF.com, Nasdaq (2024.12)

네이르의 투자 노트

　SCHD (Schwab U.S. Dividend Equity ETF) 일명 '슈드'는 배당에서는 빠지지 않는 ETF입니다. 지금 당장 유튜브에만 검색해 봐도 많은 영상들이 나올 정도로 유명하죠.
　제가 생각하는 슈드는 빠르게 부자가 되는 법을 알려주진 않지만, 부자로 가는 길을 잃지 않게 해주는 ETF 중 하나라고 생각합니다.

4부

배당 투자의 실전 전략 요약

 언제 살까? 언제 팔까?

- 배당 타이밍 전략 정리

배당주 투자는 장기적인 수익을 추구하는 전략이지만, 적절한 매수 타이밍을 고려하면 더욱 높은 수익률을 기대할 수 있다. 배당 성장주와 고배당주의 매수 타이밍 전략은 2장 비교표를 참고 하시면 됩니다. 여기서는 타이밍 관련 실제 사례만 간단히 정리하도록 하겠습니다.

1.1 배당 성장주와 고배당주의 매수 타이밍 사례

1. 배당 성장주 사례: 코카콜라(KO)

코카콜라는 60년 넘게 연속으로 배당을 증가시켜 온 대표적인 배당 성장주다. 2008년 금융위기 이후 코카콜라의 주가는 단기적으로 하락했지만, 안정적인 현금흐름과 브랜드 파워 덕분에 빠르게 회복했다. 코카콜라는 경제적 해자가 넓고 소비재 시장에서 강력한 입지를 가지고 있어, 시장이 불안정할 때도 매력적인 배당 성장주로 평가받는다.

[적절한 매수 타이밍]

- 2008년 금융위기 당시 주가가 50% 가까이 하락했을 때 매수했다면, 이후 10년간 배당과 주가 상승을 모두 누릴 수 있었습니다.
- 경기 침체기 이후 회복 국면에서 코카콜라와 같은 배당 성장주는 강한 상승세를 보이는 경향이 있습니다.

코카콜라의 지난 10년간 주가 및 배당 추이

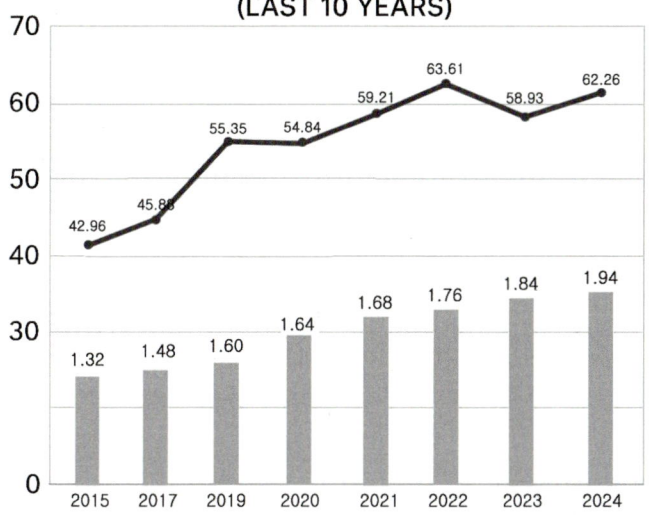

출처: Yahoo Finance (2024.12 기준), ChatGPT(OpenAI)를 활용한 저자 재구성

2 고배당주 사례: AT&T (T)

AT&T는 통신업계의 대표적인 고배당주로, 한때 7% 이상의 배당 수익률을 제공했습니다. 그러나 무리한 인수·합병과 높은 부채 문제로 인해 배당 성장이 둔화되었고, 2022년에는 배당이 삭감되기도 했습니다.

[적절한 매수 타이밍]

- 금리가 하락하는 시점에는 채권 대비 배당주의 매력이 커지므로, 배당 안정성이 확인된 후 매수하는 것이 유리합니다.
- 2022년 배당 삭감 이후 주가는 바닥을 찍고 회복하는 모습을 보였으며, 배당이 안정적으로 유지될 경우, 배당 수익률이 높은 시점을 활용해 매수하는 것이 바람직합니다.

1.2 배당락일 전후의 가격 변동을 활용한 전략

배당주는 배당락일을 기준으로 주가 변동이 발생합니다. 배당락일이란 배당을 받을 수 있는 마지막 날(권리락일) 다음 거래일로, 이날부터 배당 권리가 사라지므로 주가는 이론적으로 배당금만큼 하락합니다. 이를 활용한 전략은 다음과 같습니다.

1. 배당 전 매수 사례: 리얼티 인컴(O)

리얼티 인컴은 매월 배당금을 지급하는 REITs(부동산 투자 신탁)로 유명하다. 배당을 자주 지급하는 종목일수록 배당락일 전후의 주가 움직임이 비교적 예측 가능합니다.

○ 전략
- 배당 발표 후부터 배당락일까지 주가가 상승하는 경향이 있어, 단기 매매를 통해 차익을 실현할 수 있습니다.
- 특히 배당 증가 발표가 있으면, 배당락일 전까지 주가 상승폭이 커질 가능성이 있습니다.

2. 배당 후 매수 사례: 존슨앤드존슨(JNJ)

존슨앤드존슨은 꾸준히 배당을 증가시켜 온 대표적인 배당 성장주입니다.

- 2021년 배당락일 이후 주가가 일시적으로 조정되었지만, 몇 주 내에 다시 회복되는 모습을 보였습니다.
- 배당 안정성이 높은 기업들은 배당락 이후 주가가 빠르게 반등하는 경향이 있습니다.

1.3 경기 사이클과 배당주의 상관관계를 고려한 투자 접근

경기 사이클은 배당주 투자에도 큰 영향을 미친다. 일반적으로 배당주는 경기 방어주(유틸리티, 필수 소비재 등)와 경기 민감주(금융, 에너지 등)로 구분할 수 있으며, 각각의 경기 국면에서 다르게 반응합니다.

1. 경기 확장기: 애플(AAPL)

- 애플은 전통적인 배당 성장주로, 실적이 좋아질수록 배당을 증가해왔습니다.
- 경기 확장기에는 성장성이 높은 배당주(기술, 헬스케어 등)의 성과가 좋았습니다.

2. 경기 둔화기: 프록터앤드갬블(PG)

- 소비재 대기업인 PG는 경기 둔화기에도 안정적인 수요를 유지하며 배당금을 지급해왔습니다.
- 경기 둔화기에는 필수 소비재 및 유틸리티 기업들이 상대적으로 강세를 보입니다.

3. 경기 침체기: 코카콜라(KO) & 펩시코(PEP)

- 경기 침체기에도 코카콜라와 펩시코는 견조한 실적을 유지하며 배당을 지속했습니다.
- 배당 수익률이 높은 고배당주가 방어적인 투자 전략으로 유용할 수 있습니다.

4. 경기 회복기: JP모건 체이스(JPM)

- 금융주는 경기 회복기에 빠르게 반등하는 특징이 있습니다.
- 2020년 코로나 이후 경기 회복 국면에서 JP모건은 강한 주가 상승과 함께 배당을 다시 증가시키는 모습을 보였습니다.

1.4 회사 펀더멘털에는 문제가 없지만, 일시적인 요소로 인해 주가가 하락한 경우

1. 유나이티드헬스(UnitedHealth)의 CEO 사망 사건과 배당 투자 기회

2024년 말, 미국 최대의 헬스케어 기업 유나이티드헬스(United Health, 종목코드: UNH)는 뜻밖의 위기를 맞이했습니다. 자회사 CEO였던 브라이언 톰슨이 갑작스럽게 사망하면서, 시장은 충격에 빠졌고 주가는 급락했습니다. 여기에 더해 메디케어 관련 법무부 조사가 진행되었고, 체인지 헬스케어(Change Healthcare)를 노린 대규모 사이버 공격, 메디케어 어드밴티지(MA) 부문에서의 수익성 우려까지 더해지며 투자자들의 불안감이 커졌습니다.

이처럼 주가에 악영향을 준 사건들은 기업의 본질적인 가치보다는 외부 요인에 의한 일시적인 악재로 해석할 수 있습니다. 이런 시기는 오히려 장기 배당 투자자에게는 매수의 기회가 될 수 있습니다.

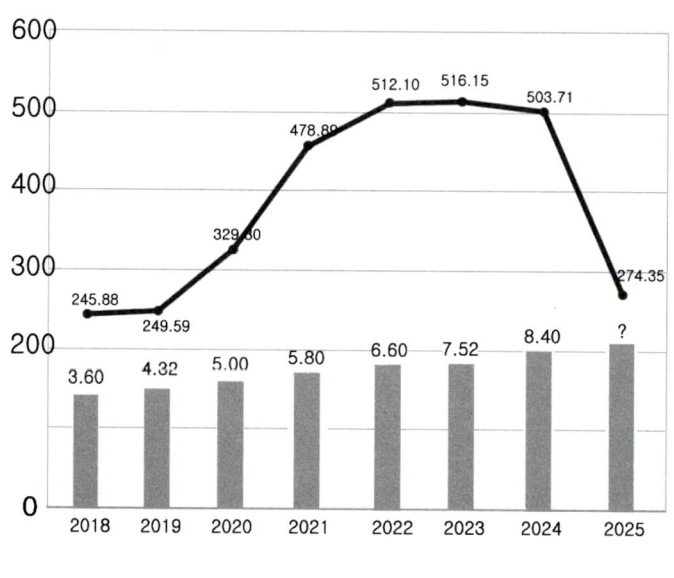

출처: Yahoo Finance (2024.12 기준), ChatGPT(OpenAI)를 활용한 저자 재구성

① **일시적인 위기로 인한 주가 하락**

다음은 유나이티드헬스의 주가 흐름입니다.

시점	주요 사건	주가
2024년 말	CEO 사망 및 수사 착수	약 $610
2025년 4월	사이버 공격 여파 및 우려 지속	약 $248 (최저점)
2025년 5월	일부 회복	약 $293

이처럼 유나이티드헬스는 수개월 사이에 주가가 반토막이 나는 상황을 겪었지만, 이 모든 악재는 기업의 수익 구조나 장기 성장성과는 무관한 단기 요인일 수 있습니다.

② **배당 투자 관점에서의 매력**

주가 하락은 단기 투자자에게는 위기이지만, 배당 투자자에게는 수익률을 높일 수 있는 절호의 기회입니다. 유나이티드헬스는 매년 꾸준히 배당을 인상해 온 대표적 배당 성장주입니다.

시점	주가	연간 배당금	배당 수익률
2024년 말	$610	$8.40	약 1.38%
2025년 4월	$248	$8.40	약 3.39%
2025년 5월	$293	$8.40	약 2.87%

배당금은 동일하더라도 주가가 낮을수록 배당 수익률은 높아지고, 동일한 금액으로 더 많은 주식을 살 수 있음을 의미하며, 재투자 시

복리 효과도 커지게 됩니다.

③ **배당 안정성과 재무 건전성**

유나이티드헬스는 헬스케어 업계의 대표적 방어주로서, 경기 침체에도 견조한 실적을 유지해왔습니다. 배당 성향도 약 30%대로 낮은 수준이며, 이는 기업이 충분한 이익을 확보한 뒤 일부만 배당에 활용하고 있다는 뜻입니다. 실제로 지난 10년간 배당은 꾸준히 인상되어 왔습니다.

- 과거 10년간 평균 연간 배당 성장률: 약 15%
- 배당 성향(2024년 기준): 약 30%
- 2025년 예상 주당순이익(EPS): 약 $24.88
- 2025년 예상 매출: 약 4,510억 달러

이러한 수치는 유나이티드헬스가 배당을 유지하고 지속적으로 늘릴 수 있는 재무적 여건이 충분함을 보여주고 있습니다.

④ **펀더멘털은 여전히 강력**

유나이티드헬스는 미국 내 최대 헬스케어 그룹으로, 건강보험을 제공하는 UnitedHealthcare 부문과 통합 헬스케어 서비스를 제공하는 Optum(의료 데이터 분석, 약국 중개 서비스(PBM), 의료 제공자 네트워크, 진료 관리 등을 포함하는 종합 헬스케어 플랫폼) 부문을 통해 안정적인 수익원을 확보하고 있습니다. 특히, 고령화가 진행되는 미국 사회에서 메디케어 기반의 사업 확장 가능성은 여전히 크다고 볼 수 있습니다.

⑤ 회사의 핵심 경쟁력
- 헬스케어 데이터 및 인프라를 통한 높은 진입 장벽
- 방대한 가입자 수와 병원 네트워크
- 인공지능(AI) 기반 의료 관리 시스템 도입 등 지속적인 혁신

이러한 요소는 일시적인 리스크를 이겨내고 장기적으로 주주 가치를 높일 수 있는 기반이 됩니다.

| 결론 |

일시적인 악재로 주가가 급락할 때, 대부분의 투자자는 공포에 휩싸입니다. 하지만 배당 투자자는 다르게 생각해야 합니다. 배당이 유지되거나 인상되는 한, 오히려 더 많은 주식을 더 낮은 가격에 살 기회로 보아야 합니다. 유나이티드헬스는 단기 리스크가 해소되면 주가도 점차 회복될 가능성이 높습니다. 이 과정에서 얻을 수 있는 배당 수익과 자본 이득은 결코 작지 않습니다.

네이르의 투자 노트

저도 사실은 처음 미국 주식을 시작할 때 많이 하시는 TQQQ(나스닥 100 지수를 3배 추종 레버리지), SOXL(필라델피아 반도체 지수 3배 추종 레버리지)와 같은 하이리스크 하이리턴 종목을 많이 했습니다. 이러한 주식으로 어떤 해에는 큰 손해를 봤지만 팔지 않고 속된 말인 '존버' 정신으로 1년 넘게 버텨서 결국 큰 수익을 내고 마무리 한 적도 있습니다.

물론 종국에선 마음이 좋았지만 존버 하는 1년 동안 상당한 고통의 연속이었습니다. 이렇게 고통의 시간이 될 때면 다들 무슨 생각할 것 같나요? "이번만 넘기면 이제 섹터별로 분산 투자해서 무거운 주식들을 가져가야겠다."는 생각들을 많이 하게 됩니다.

배당주 투자도 비슷하다고 할 수 있습니다. 성장주 위주의 배당주, 고배당주, 경기방어 배당주 등 다양한 포트폴리오를 세워놔야 합니다. 그래야 나중에 주식시장 지수가 좋을 때는 FOMO가 없고 주식시장 지수가 나쁠 때는 자산을 지키며 배당으로 저렴하게 다른 주식을 살 수 있습니다.

2장 커버드콜 ETF 및 일드맥스

- 고배당을 극대화하는 무기

커버드콜 ETF는 주식과 파생상품을 결합하여 안정적인 현금흐름을 추구하는 투자 전략입니다.

기초자산을 보유한 상태에서 동시에 콜옵션을 매도함으로써 옵션 프리미엄을 수취하고, 이를 투자자에게 배당금 형태로 분배하는 구조를 가지고 있습니다.

단순한 주식 배당을 넘어선 수익의 다변화가 가능하다는 점에서, 일정 수준 이상의 현금흐름을 원하는 투자자에게 적합한 상품군이라 할 수 있습니다.

최근에는 커버드콜 전략을 개별 주식에까지 확대 적용한 일드맥스(YieldMax) ETF도 등장하면서, 고배당과 고위험이 동시에 동반되는 새로운 형태의 수익 추구 모델로 주목받고 있습니다.

2.1 주요 커버드콜 ETF 비교
(QYLD, JEPI, JEPQ, GPIQ, GPIX)

커버드콜 ETF는 모두 유사한 전략을 기반으로 하지만, 기초자산과 옵션 활용 방식, 구성 종목에 따라 수익성과 안정성에 차이가 발생합니다.

QYLD, JEPI, JEPQ와 같은 ETF는 이미 수년간의 운용 이력을 통해 검증된 현금흐름을 제공해 왔으며, GPIQ와 GPIX는 보다 공격적인 전략으로 고배당을 추구하는 신생 상품입니다.

ETF	기초자산	배당 수익률	옵션 전략	주요 특징
QYLD	나스닥 100 (QQQ)	10~12%	ATM 커버드콜	정기적인 배당 수익이 가능하지만, 주가 상승 여력은 제한됩니다.
JEPI	S&P 500	8~10%	ELN 기반 수익창출	안정성과 소득을 함께 추구하며, 변동성이 낮게 유지됩니다.
JEPQ	나스닥 100 (QQQ)	9~11%	ELN + 커버드콜	기술주 중심으로 성장성과 소득을 동시에 겨냥합니다.
GPIQ	글로벌 주식	12~15%	OTM 커버드콜	글로벌 분산 효과를 포함하며, 보다 공격적인 수익을 추구합니다.
GPIX	S&P 500	13~16%	OTM 커버드콜	상승장 수익 반영에 유리하며, 고배당과 성장성을 동시에 고려합니다.

출처: ChatGPT(OpenAI)를 활용한 저자 재구성 (2025)

> **요약 포인트**
> - QYLD는 가장 전통적인 커버드콜 ETF로, 안정적이고 예측할 수 있는 배당 수익을 제공합니다.
> - JEPI는 상대적으로 방어적인 성향이 강하며, 분산 투자와 낮은 변동성을 통해 보수적인 투자자에게 적합한 구조로 되어 있습니다.
> - JEPQ는 JEPI보다 성장주 비중이 높으며, 배당 수익률과 가격 상승 기대치를 함께 제공합니다.

- GPIQ, GPIX는 신생 고배당 ETF로, 보다 높은 옵션 프리미엄을 수취하지만, 그만큼 위험도도 높게 동반됩니다.

2.2 커버드콜 전략 구조 및 수익 메커니즘

커버드콜 ETF는 기초자산(주식)을 보유한 상태에서, 해당 자산에 대한 콜옵션을 매도하고 옵션 프리미엄을 수취함으로써 현금흐름을 창출하는 구조로 되어 있습니다.

이 프리미엄은 투자자에게 매월 또는 분기별 배당금 형태로 분배되며, 이는 기존 배당주 투자 대비 높은 수익률을 기대할 수 있도록 설계되어 있습니다.

[쉽게 이해하면?]

부동산을 소유하고 있는 사람이 임대 계약을 통해 매달 임대료(옵션 프리미엄)를 받는 구조와 유사합니다.

집값이 오르더라도 정해진 가격에 팔기로 약속한 상태이기 때문에 상승분 일부를 포기하는 대신 안정적인 수익을 확보하는 셈입니다.

[전략의 특징]

- 시장이 횡보하거나 약세일 때는 옵션 프리미엄 수익을 통한 방어적

수익 창출이 가능합니다.
- 반면, 시장이 강하게 상승할 경우, 콜옵션 매도로 인해 상승 수익이 제한되는 구조가 동반됩니다.

2.3 배당락 이후 주가 흐름과 리밸런싱 전략

커버드콜 ETF 역시 일반 배당주와 마찬가지로 배당락일 개념이 존재하며, 이 시점을 기준으로 주가가 일시적으로 하락하는 경향이 있습니다.

배당락 이후의 조정은 오히려 매수 기회로 활용될 수 있으며, 적절한 리밸런싱 전략을 병행하는 것이 투자 성과에 긍정적인 영향을 미칩니다.

[전략 활용 방법]

- QYLD처럼 매달 배당금을 지급하는 ETF는 배당락일 이후 반복 매수를 통해 효율적인 단기 수익을 추구할 수 있습니다.
- JEPI ⋯➔ JEPQ 또는 QYLD ⋯➔ GPIX와 같은 ETF 간의 전환을 통해 동일 전략 내에서 상대적으로 유리한 상품으로 이동하는 리밸런싱 전략도 유효하게 작동합니다.
- 이는 단기 조정과 시장 흐름에 유연하게 대응하며, 장기적인 수익률을 개선하는 효과를 동반합니다.

2.4 일드맥스(YieldMax) 상품 개요 및 리스크 분석

일드맥스(YieldMax) ETF는 기존의 커버드콜 ETF 전략을 개별 종목 중심으로 확대 적용한 초고배당형 상품군입니다.

대표적인 예로는 테슬라 기반의 TSLY, 엔비디아 기반의 NVDY 등이 있으며, 이들 ETF는 단일 주식에 대해 커버드콜 전략을 적용함으로써, 30~50%에 이르는 매우 높은 배당 수익률을 제시합니다.

이는 일반 커버드콜 ETF보다 훨씬 더 공격적인 구조로, 단기 고수익을 지향하는 투자자에게 적합하지만, 동시에 상당한 수준의 리스크 감내력 또한 요구됩니다.

[일반 커버드콜 ETF와의 차이점]

항목	일반 커버드콜 ETF (QYLD, JEPI 등)	일드맥스 ETF (TSLY, NVDY 등)
기초자산 구성	수십 개 종목에 분산 투자	단일 종목에 집중 (테슬라, 엔비디아 등)
배당 수익률	8~12% 수준	30~50% 수준
리스크 분산 효과	높음	거의 없음
주가 변동의 영향	상대적으로 완화됨	주가 흐름에 따라 수익과 리스크가 급변함
장기 투자 적합성	중장기 보유에 유리	단기 중심, 장기 보유 시 위험이 확대됨

예시: 테슬라 기반 커버드콜 ETF – TSLY

TSLY는 테슬라 주식을 기초자산으로 보유하면서, 해당 주식에 대한 콜옵션을 반복적으로 매도하여 옵션 프리미엄을 수취합니다.

이 프리미엄이 고배당의 재원이 되며, 결과적으로 연 30~50% 수준의 배당 수익률을 투자자에게 제공합니다.

그러나 이 전략은 테슬라의 주가가 급등할 경우, 상승 이익을 포기하게 되는 구조적 제약이 동반됩니다.

반대로 주가가 급락하면, 배당 지급에 필요한 프리미엄 확보 자체가 어려워지며, 배당 중단 또는 ETF 가치 하락이 발생할 수 있습니다.

[장점]

- 일반 커버드콜 ETF보다 현저히 높은 수준의 배당 수익률을 기대할 수 있습니다.
- 단기적인 현금흐름 확보를 우선시하는 투자자에게 유의미한 대안이 될 수 있습니다.
- 특정 개별 종목에 대한 강한 상승 혹은 변동성 기대가 있으면, 옵션 전략을 통한 고배당 확보가 가능합니다.

[단점]

- 기초 종목의 주가가 급락할 경우, 배당이 급감하거나 아예 지급되지 않을 수 있으며, ETF의 자산가치도 함께 하락하게 됩니다.
- 주가가 급등하면, 옵션 매도로 인해 상승 이익을 얻지 못하는 기회비용 손실이 발생합니다.
- 단일 종목에 집중된 구조이므로, 분산 효과가 거의 없고, 장기 보유

시 원금 손실 가능성이 매우 커지는 고위험 상품군에 해당합니다.

리스크 요약

- 배당 지속성의 불확실성이 높으며, 특정 종목에 대한 의존도가 극단적으로 큽니다.
- 시장 급등 시 수익 상한선이 존재하며, 시장 급락 시 원금 및 수익 모두 훼손될 가능성이 높습니다.
- 결과적으로, 일드맥스 ETF는 매우 높은 배당 수익률을 제공하지만, 그에 상응하는 높은 리스크가 필연적으로 동반됩니다.
- 이러한 상품은 단기 수익을 추구하는 고위험 선호 투자자에게만 적합하며, 장기 안정성보다는 전술적 활용에 초점을 맞출 필요가 있습니다.

네이르의 투자 노트

　커버드콜 ETF는 주가 상승을 크게 기대하지 않더라도 안정적인 배당 수익을 추구할 수 있는 수단입니다. 운영사마다 각각의 운용 방식과 리스크 구조가 다르므로 투자자의 스타일에 맞는 선택이 중요합니다.
　또한 NVDY, TSLY와 같은 일드맥스 계열 ETF는 매우 높은 배당 수익률을 제공하지만, 그만큼 원금 손실 가능성도 커서 신중한 접근과 비중 조절이 필요합니다.

– 장기적 수익의 근간 만들기

3.1 배당 수익률과 배당 성장성

1. 배당 수익률의 중요성

배당 수익률은 투자자가 주식 보유를 통해 얻는 연간 배당금을 주가로 나눈 비율로, 현금흐름을 직접적으로 나타내는 지표입니다. 고배당주는 일반적으로 안정적인 사업 모델과 견고한 재무 구조를 가진 기업들로서, 지속적인 현금흐름을 제공하여 보수적인 투자자들에게 매력적입니다.

- **안정적 수익 창출**: 고배당주는 경기 변동에 비교적 덜 민감하여 경제 침체기에도 일정 수준의 배당금을 유지하는 경향이 있습니다.
- **포트폴리오 방어적 역할**: 시장 변동성 속에서도 일정한 배당 수익을 확보함으로써 포트폴리오 전체의 변동성을 완화합니다.

2. 배당 성장성의 중요성

배당 성장주는 배당금이 지속적으로 증가하는 기업들로서, 장기적인 자본 이득과 배당 수입의 동시 추구가 가능합니다.

- **장기 자산 성장**: 배당금의 증가로 인해 투자 수익률이 시간에 따라 증가하며, 이는 복리 효과를 더욱 강화합니다.
- **기업의 성장 잠재력 반영**: 배당금을 지속적으로 증가시키는 기업은 재무 건전성과 수익성 향상을 나타내며, 이는 주가 상승으로 이어질 수 있습니다.

3.2 배당 성장 관련 주요 ETF

배당 성장주에 투자하는 데 있어 배당 성장 ETF는 매우 유용한 투자 도구가 될 수 있습니다. 그중에서 대표적인 배당 성장 ETF로는 SCHD와 같은 펀드가 있습니다. 이 ETF들은 배당금이 증가하는 안정적인 기업에 집중적으로 투자하며, 분산 투자 효과를 통해 리스크를 줄이고 수익을 증대시킬 수 있습니다.

1. SCHD (Schwab U.S. Dividend Equity ETF)

- **기본 개요**: SCHD는 고배당 성장을 추구하는 ETF로, 안정적이

고 꾸준히 배당금을 증가시키는 미국 대형주들로 구성되어 있습니다. 특히 배당 성장률이 높은 기업을 포함하여, 배당금과 주식의 장기적인 상승을 목표로 합니다.

- **대표 종목**: Microsoft (MSFT), PepsiCo (PEP), Home Depot (HD)
- **배당 수익률**: 약 3-4% (변동 가능)
- **매력 포인트**: 안정적인 배당 성장, 저비용 운영 (경비 비율 0.06%), 장기적인 성장 잠재력

2. VIG (Vanguard Dividend Appreciation ETF)

- **기본 개요**: VIG는 배당 성장률이 높은 기업들에 투자하는 ETF로, 안정적인 현금흐름과 배당금 증가를 자랑하는 기업들을 포함합니다. VIG는 배당금이 꾸준히 증가하는 기업을 선별하여 포트폴리오를 구성합니다.
- **대표 종목**: Johnson & Johnson (JNJ), Procter & Gamble (PG), Microsoft (MSFT)
- **배당 수익률**: 약 2-3%
- **매력 포인트**: 장기적인 배당 성장에 중점을 두고, 안정적인 기업들을 선별하여 포트폴리오에 포함

3. NOBL (ProShares S&P 500 Dividend Aristocrats ETF)

- **기본 개요**: NOBL은 S&P 500에 상장된 배당 귀족(Dividend Aristocrats) 기업들로 구성된 ETF입니다. 배당 왕국 기업들은 최소 25년 이상 연속적으로 배당금을 증가시킨 기업들로, 안정성과 성장성을 동시에 제공합니다.
- **대표 종목**: 3M (MMM), Coca-Cola (KO), Johnson & Johnson (JNJ)
- **배당 수익률**: 약 2-3%
- **매력 포인트**: 배당 성장이 지속적인 기업들만 포함하여 높은 안정성 확보

4. DGRW (WisdomTree U.S. Dividend Growth ETF)

- **기본 개요**: DGRW는 배당 성장성이 높은 미국 대형주들을 포함한 ETF입니다. 이 ETF는 배당금 성장 잠재력이 큰 기업에 집중 투자하여, 배당 수익과 주가 상승을 동시에 추구합니다.
- **대표 종목**: Microsoft (MSFT), Apple (AAPL), Intel (INTC)
- **배당 수익률**: 약 2-3%
- **매력 포인트**: 높은 배당 성장률을 목표로 하는 투자 전략, 다양한 대형 성장 기업들로 구성

[전략 수립]

- **투자 목표 설정**: 안정적인 현금흐름이 우선인지, 장기적인 자본 성장에 무게를 두는지에 따라 포트폴리오 구성 전략을 명확히 합니다.
- **고배당주 포트폴리오**: 에너지, 통신, 유틸리티 등 전통적인 고배당 업종의 기업들을 포함합니다.

  > 예시
  >
  > AT&T (T), Verizon (VZ), Exxon Mobil (XOM)

- **배당 성장주 포트폴리오**: 기술, 헬스케어, 소비재 등 성장 잠재력이 높은 업종의 기업들을 선별합니다.

  > 예시
  >
  > Microsoft (MSFT), Johnson & Johnson (JNJ), PepsiCo (PEP)

- **배당 성장 ETF 포트폴리오**: SCHD, VIG, NOBL, DGRW 등의 ETF를 활용하여 분산 투자하고, 배당 성장이 높은 기업들에 자동으로 투자할 수 있습니다.
- **정기적 모니터링**: 기업의 재무 상태, 배당 정책 변화, 산업 동향 등을 지속적으로 검토하여 투자 종목의 적합성을 평가합니다.

3.3 시장 변동성에 따른 비중 조정 및 위험 관리

1. 시장 변동성의 영향

시장 변동성은 투자 수익률과 위험 수준에 직접적인 영향을 미칩니다. 특히 경제 상황, 금리 변화, 지정학적 리스크 등 다양한 요인이 시장을 흔들 수 있으며, 이는 배당주에도 영향을 미칩니다.

- **고배당주의 위험성**: 금리 상승기에는 고배당주의 매력이 상대적으로 감소하여 주가 하락 압력을 받을 수 있습니다.
- **배당 성장주의 변동성**: 성장주 특성상 시장 심리에 민감하게 반응하여 변동성이 높을 수 있습니다.

[리스크 관리 전략]

- **자산 배분 다각화**: 주식 외에도 채권, 현금성 자산, 대체 투자 등을 활용하여 포트폴리오의 전체적인 위험을 분산시킵니다.
- **섹터 분산 투자**: 다양한 산업 및 섹터에 투자하여 특정 산업의 부진이 전체 포트폴리오에 미치는 영향을 최소화합니다.
- **현금 보유 비중 조절**: 시장 변동성이 높을 때는 현금 비중을 늘려 투자 기회를 탐색하고 위험을 관리합니다.
- **헤지 전략 활용**: 옵션, 선물 등을 활용하여 포트폴리오의 하락 위험을 헤지 전략을 활용해서 분산합니다.

네이르의 투자 노트

제가 지난 투자 노트에 잠깐 SCHD ETF 이야기를 했지만, 추가로 조금 덧붙이려고 합니다.

미국 배당을 좀 한다는 사람들은 누구나 다 SCHD ETF 알고 있습니다. 한두 번씩 매매를 해보기도 하고요.

제 개인적인 생각으로 SCHD는 참 재미없는 주식입니다. 미국 전체 지수가 오를 때도 상대적으로 얼마 오르지 않고, 배당은 월배당도 아닌 분기 배당이고, 뭔가 아주 지지부진한 느낌을 주기 때문에 상당한 인내심을 요구하는 종목입니다.

그렇다 보니 자녀 주식 계좌를 만들어 운영하는 부모들이 일정 부분 매수해서 보관해두지만, 정작 본인들 계좌엔 잘 넣어 두지 않은 경우가 많이 있습니다. 저 또한 제 계좌엔 SCHD가 없습니다. 이미 나이를 먹었기 때문에 SCHD보다는 JEPI를 선호하기 때문입니다.

SCHD를 시뮬레이션 돌려보면 일시금으로 투자하건 적립식으로 투자하건 대략 15년에서 20년쯤 가야 뭔가 눈에 확 보입니다. 그때 가서야 아주 아름다운 수익률과 배당률을 몸소 체험할 수 있기 때문입니다.

4장 매달 월급처럼 받는 배당

- 월배당 포트 구성법

배당 투자 포트폴리오를 구성할 때는 안정적인 배당 수익과 장기적인 성장성을 동시에 고려하는 것이 중요합니다. 다음은 효과적인 포트폴리오 구성 전략입니다.

목표 금액	배당 금액	투자 포트폴리오 구성	필요한 투자 금액
월 50만 원 목표	연 600만 원 (월 50만 원)	- 배당 ETF 중심 투자: 안정적인 배당 수익을 위한 ETF 선택 - 예시 ETF: SCHD, VIG, NOBL, DGRW 등 - 배당 수익률 평균 3~4% 예상	약 1억 5천만 원 ~ 2억 원 (배당 ETF 기준)
월 100만 원 목표	연 1,200만 원 (월 100만 원)	- 배당 성장주 + 커버드콜 ETF 조합 - 배당 성장주: Microsoft (MSFT), Johnson & Johnson (JNJ), PepsiCo (PEP) - 커버드콜 ETF: QYLD, JEPI, JEPQ - 배당 수익률 3~5% 예상	약 2억 5천만 원 ~ 3억 원 (배당 성장주 + 커버드콜 ETF 기준)

목표 금액	배당 금액	투자 포트폴리오 구성	필요한 투자 금액
월 300만 원 목표	연 3,600만 원 (월 300만 원)	- 고배당 ETF + 개별 배당주 + 리스크 분산 전략 - 고배당 ETF: QYLD, SCHD - 개별 배당주: Exxon Mobil (XOM), AT&T (T), Verizon (VZ) - 리스크 분산: 다양한 산업 및 섹터에 분산 투자	약 10억 원 ~ 12억 원 (고배당 ETF + 개별 배당주 기준)

4.1 포트폴리오 구성 전략

1. 월 50만 원 목표 (연 600만 원, 월 50만 원)

- **투자 포트폴리오 구성**: 배당 ETF 중심의 포트폴리오는 안정적인 현금흐름을 생성하고, 리스크를 분산하는 데 유리합니다. 특히 SCHD, VIG, NOBL, DGRW와 같은 배당 성장에 중점을 둔 ETF들은 배당 수익률과 주가 상승 잠재력 모두 제공할 수 있습니다. 예를 들어, SCHD는 3%대의 배당 수익률을 제공하면서도, 주가 상승을 통한 자산 증식이 기대되는 ETF입니다.
- **필요한 투자 금액**: 월 50만 원을 목표로 할 경우, 배당 수익률이 3%일 때 약 1억 5천만 원에서 2억 원 정도의 자금이 필요합니다.

2. 월 100만 원 목표 (연 1,200만 원, 월 100만 원)

- **투자 포트폴리오 구성**: 이 목표를 달성하려면 배당 성장주와 커버드콜 ETF의 조합이 필요합니다. 배당 성장주는 장기적인 수익률 상승과 함께 배당금이 증가하는 특성을 보인 기업들로, Microsoft (MSFT), Johnson & Johnson (JNJ), PepsiCo (PEP) 같은 기업들이 좋은 예입니다. 이 기업들은 꾸준한 수익 창출과 배당 성장을 자랑하며, 안정적인 현금흐름을 제공합니다.
- 커버드콜 ETF인 QYLD, JEPI, JEPQ는 옵션 프리미엄을 활용해 추가 수익을 창출하는 전략입니다. 특히 JEPI와 같은 ETF는 고정적인 배당 수익을 제공하며, 옵션 프리미엄을 통해 추가적인 수익을 가져옵니다.
- **필요한 투자 금액**: 월 100만 원의 배당금을 목표로 할 경우, 배당 수익률 3%~5%를 기준으로 약 2억 5천만 원에서 3억 원 정도의 자금이 필요합니다.

3. 월 300만 원 목표 (연 3,600만 원, 월 300만 원)

- **투자 포트폴리오 구성**: 월 300만 원을 목표로 할 경우, 고배당 ETF, 개별 배당주, 그리고 리스크 분산 전략이 필요합니다. 고배당 ETF인 QYLD와 SCHD는 안정적이고 일정한 배당을 제공합니다. QYLD는 커버드콜 전략을 활용하여 배당금을 더욱 안정적으로 창출하는 반면, SCHD는 배당 성장에 중점을 둔 ETF로 장

기적으로 자산 성장을 도와줍니다.

- 개별 배당주로는 Exxon Mobil (XOM), AT&T (T), Verizon (VZ)와 같은 고배당주를 선택할 수 있습니다. 이들 기업은 안정적인 수익 모델과 높은 배당금을 제공하여, 고수익을 추구하는 투자자들에게 적합합니다.

- 리스크 분산 전략은 다양한 산업군과 섹터에 투자함으로써, 특정 섹터나 종목의 부진이 전체 포트폴리오에 미치는 영향을 최소화합니다. 예를 들어, 에너지(XOM), 통신(T, VZ), 헬스케어(JNJ)와 같은 다양한 섹터에 고르게 배분하여 시장의 변동성에 대응할 수 있습니다.

- 필요한 투자 금액: 월 300만 원의 배당금을 목표로 할 경우, 배당수익률이 3%~5%인 ETF와 배당주를 조합한 포트폴리오에 약 10억 원에서 12억 원 정도의 자금이 필요합니다.

네이르의 투자 노트

다들 아시겠지만 요즘 OpenAI의 ChatGPT가 워낙 좋습니다. 개인의 자금 사정에 맞춰서 한 번쯤은 본인이 원하는 배당주를 시뮬레이션 돌려보시기 바랍니다.

5장 이들은 어떻게 성공했는가

— 실제 사례로 보는 전략

5.1 복리 효과를 극대화한 장기 배당 투자 사례

1. 20년 이상 배당 재투자를 통한 자산 증식 사례 분석

장기적인 배당 투자는 복리 효과를 최대한 활용할 수 있는 강력한 전략입니다. 예를 들어, 한 개인이 매년 일정 금액을 고배당주에 투자하고 발생하는 모든 배당금을 다시 같은 주식에 재투자한다고 가정해 봅시다.

> **조건**
> - 초기 투자금: $10,000
> - 평균 연간 총수익률(배당 포함): 약 7%
> - 기간: 20년

복리 효과를 계산하는 공식은 다음과 같습니다.

$$\text{최종 자산} = P \times (1+r)^n$$

여기서,

- P는 초기 원금 ($10,000)
- r은 연간 이자율 (0.07)
- n은 투자 기간 (20년)

계산하면:

$$최종\ 자산 = 10,000 \times (1+0.07)^{20} \approx 38,697$$

따라서 20년 후의 자산가치는 약 $38,697가 됩니다. 이처럼 배당금을 재투자하는 전략은 장기적으로 상당한 자산 성장을 끌어낼 수 있습니다.

2. 배당 성장주와 고배당 ETF를 조합한 포트폴리오 전략

효과적인 포트폴리오는 안정성과 성장을 동시에 추구해야 합니다. 이를 위해 두 가지 유형의 투자를 결합할 수 있습니다.

- **배당 성장주**

  꾸준히 매출 및 순이익을 증가시키며 그에 따라 지속적으로 높은 비율로 주가 상승 가능성이 있는 기업.

  > **예시**
  > 기술 분야, 필수 소비재 분야의 대기업들.

- 고배당 ETF

  다양한 산업군으로 분류된 여러 종목들로 구성되어 리스크 분산 효과가 있음.

  > **예시**
  > S&P500 High Dividend Yield Index 등을 추적하는 ETF들.

포트폴리오 구성 시에는 전체 자본 중 일부는 안정성을 위한 고수익 채권이나 저위험 상품에도 할애하여 시장 변동성에도 대비해야 합니다.

① **배당 성장주 및 고배당 ETF를 포함한 포트폴리오 예시**

다양한 ETF를 통해 배당 투자 포트폴리오를 구성할 수 있습니다. 아래 표는 SCHD, JEPI, SPY 등의 ETF를 포함한 포트폴리오 전략을 설명합니다.

ETF 이름	ETF 특징	연평균 배당 수익률	주요 특징	투자 비율
SCHD	고배당 ETF, S&P 500 High Dividend Yield 추적	약 3.6%	안정적인 고배당 제공, 저비용, 분산 투자	40%
JEPI	수익률 향상 ETF, 높은 배당률 제공	약 7.4%	주식과 채권 혼합형, 매달 배당 지급, 안정적 수익	30%
SPY	S&P 500 ETF, 널리 사용되는 벤치마크 ETF	약 1.5%	주식시장의 전체 성과 추적, 안정성 높은 자산	30%

② **포트폴리오 전략**

- SCHD: 안정적인 고배당을 추구하며, S&P 500 고배당 종목들

로 구성되어 리스크 분산 효과가 있습니다. 배당 수익률은 약 3.6%로 안정적입니다.
- JEPI: 고수익을 목표로 하여, 주식과 채권을 혼합하여 더욱 높은 배당 수익을 제공합니다. 특히 월간 배당을 제공하며, 약 7.4%의 높은 배당 수익률을 기록합니다.
- SPY: S&P 500 전체를 추적하는 ETF로, 미국의 대형 기업에 대한 투자로 장기적인 안정성과 성장을 추구합니다. 배당 수익률은 낮지만, 성장성이 뛰어난 자산입니다.

③ **포트폴리오 결과 예시**

위의 ETF들에 일정 비율로 분산 투자하면, 매년 발생하는 배당금은 다시 재투자할 수 있습니다. 각 ETF의 배당 수익률을 평균 4.5%로 가정할 경우, 이 포트폴리오는 장기적으로 다음과 같은 자산 증식 효과를 나타낼 수 있습니다.

- 초기 투자금: $10,000
  - 평균 연간 수익률(배당 포함): 약 6.0%(배당 재투자 포함)
  - 기간: 20년
- 최종 자산 계산

$$\text{최종 자산} = 10{,}000 \times (1+0.06)^{20} \approx 32{,}071$$

이와 같은 방식으로, 고배당 ETF와 배당 성장주를 결합한 포트폴리오는 안정적인 수익을 제공하면서도 장기적인 자산 성장을 이룰 수 있는 전략이 됩니다.

5.2 성공적인 배당 투자자의 포트폴리오

- 실제 고배당 및 배당 성장주 투자자의 포트폴리오 예시 (지난 10년간 사례)
- 시장 변동성을 이겨낸 장기 투자자의 특징 분석

1. 실제 배당 투자자의 포트폴리오 예시

지난 10년 동안 성공적으로 배당 투자를 실행한 투자자들의 포트폴리오를 분석해보면, 고배당 ETF와 배당 성장주를 조합한 전략이 핵심적인 역할을 했습니다. 아래는 실제 배당 투자자가 구성한 포트폴리오 사례입니다.

포트폴리오 예시 (2014~2024, 10년 기준)

자산 유형	종목 예시	비중	연평균 수익률 (배당 포함)	주요 특징
배당 성장주	JNJ, MSFT, PG, V	40%	10~15%	꾸준한 배당 성장, 높은 배당 안전성
고배당 ETF	SCHD, VYM	30%	8~10%	안정적인 배당 성장 및 분산 투자
월배당 ETF	JEPI, QYLD	20%	7~9%	월배당 지급, 현금흐름 극대화
채권/현금	BND, TLT	10%	3~5%	시장 변동성 대비, 리스크 완화

○ **핵심 전략**

- 배당 성장주(JNJ, MSFT, PG, V) 비중을 높여 장기적인 자본 성장과 배당 상승을 노림.
- SCHD 및 VYM과 같은 고배당 ETF를 활용하여 안정적인 수익을 확보.
- JEPI, QYLD 등의 월배당 ETF를 추가해 지속적인 현금흐름을 창출.
- BND, TLT와 같은 채권 및 현금 비중(10%)을 유지하여 시장 변동성에 대비.

2. 시장 변동성을 이겨낸 장기 투자자의 특징 분석

① 배당 재투자를 통한 복리 효과 극대화

- 배당금을 생활비로 사용하지 않고 지속적으로 재투자하여 자산 증가 속도를 높임.
- 연평균 8~10%의 수익률로 복리 효과를 극대화하여 장기적으로 자산을 크게 증식.

② 경기 변동과 무관한 꾸준한 투자 습관
- 2008년 금융위기, 2020년 코로나 쇼크 등 시장 변동에도 꾸준히 투자 지속.
- 하락장에서도 매입을 멈추지 않고 배당금을 지속적으로 늘려 평균 매입 단가를 낮춤.

③ 배당 성장주와 고배당 ETF의 조화로운 배분
- 배당 성장주는 장기적인 자본 성장과 안정적인 배당 증가를 기대할 수 있음.
- 고배당 ETF는 분산 투자 효과와 함께 시장 변동성에도 꾸준한 수익을 보장.

④ 배당 지급 빈도를 고려한 포트폴리오 구성
- 연간/분기 배당 성장주와 함께, 월배당 ETF를 활용하여 안정적인 현금흐름 유지.
- 은퇴 후에는 배당 수익을 생활비로 활용 가능.

⑤ 리스크 관리를 위한 적절한 채권 및 현금 비중 유지
- 변동성이 심한 시기에 대비해 일정 부분을 채권 및 현금으로 보유.
- 급격한 시장 하락 시에도 매수할 수 있는 여유 자본 확보.

10년 투자 결과 추가 예시)

배당 투자 전략에 따라 다양한 포트폴리오를 구성할 수 있으며, 투자 자본과 연평균 수익률(배당 포함)에 따라 최종 자산이 크게 달라집니다. 아래는 몇 가지 추가 시뮬레이션 결과입니다.

- 사례 1: 배당 성장주 중심 포트폴리오 (연평균 수익률 10%)
  - 초기 투자금: $100,000
  - 포트폴리오 구성: 배당 성장주 (MSFT, V, JNJ, PG) 50%
    배당 ETF (SCHD, VYM) 30%
    채권 및 현금 20%
    연평균 수익률: 10%
  - 10년 후 예상 자산: 최종자산 = $100,000 \times (1+0.10)^{10} \approx 259,000$

  ※ 배당 성장주를 중심으로 구성하면 장기적인 주가 상승과 배당 증가를 함께 누릴 수 있음.

- 사례 2: 고배당 ETF + 월배당 포트폴리오 (연평균 수익률 8%)
  - 초기 투자금: $100,000
  - 포트폴리오 구성: 고배당 ETF (SCHD, VYM) 40%
    월배당 ETF (JEPI, QYLD) 40%
    채권 및 현금 20%
  - 연평균 수익률: 8%
  - 10년 후 예상 자산: 최종자산 = $100,000 \times (1+0.08)^{10} \approx 215,900$

  ※ 월배당 ETF를 포함하면 꾸준한 현금흐름을 확보하면서도 자산 증식을 할 수 있음.

- 사례 3: 안정적인 배당 포트폴리오 (연평균 수익률 7%)
  - 초기 투자금: $100,000

- 포트폴리오 구성: 안정적인 고배당주 (KO, PEP, JNJ, MCD) 40%
  배당 ETF (SCHD, VYM, DGRO) 40%
  채권 및 현금 20%
- 연평균 수익률: 7%
- 10년 후 예상 자산: **최종자산** = $100{,}000 \times (1+0.07)^{10} \approx 196{,}700$

※ 변동성을 줄이면서도 꾸준한 배당 수익을 확보할 수 있는 전략.

- 사례 4: 공격적인 배당 포트폴리오 (연평균 수익률 12%)
  - 초기 투자금: $100,000
  - 포트폴리오 구성: 배당 성장주 (AAPL, MSFT, NVDA, V) 50%
    고배당 ETF (SCHD, VYM) 30%
    고수익 월배당 ETF (JEPI, QYLD) 20%
  - 연평균 수익률: 12%
  - 10년 후 예상 자산: **최종자산** = $100{,}000 \times (1+0.12)^{10} \approx 310{,}600$

※ 공격적인 투자 전략을 사용하면 더 높은 자산 증식을 기대할 수 있지만, 변동성에 대한 대비도 필요함.

- 사례 5: 소규모 투자자의 배당 포트폴리오 (매년 $5,000 추가 투자, 연평균 수익률 8%)
  - 초기 투자금: $10,000
  - 매년 추가 투자: $5,000
  - 포트폴리오 구성: 고배당 ETF (SCHD, VYM) 50%
    배당 성장주 (JNJ, PG, MSFT) 30%
    월배당 ETF (JEPI, QYLD) 20%
  - 연평균 수익률: 8%
  - 10년 후 예상 자산: **최종 자산** = 약 $88,600

※ 적은 돈으로도 꾸준히 투자하면 배당 재투자를 통해 충분한 자산을 모을 수 있음.

| 결론 |

- 배당 투자는 장기적인 복리 효과를 활용하면 시장 변동성을 이겨내면서 꾸준한 자산 증가를 기대할 수 있습니다.
- 고배당 ETF + 배당 성장주 조합이 장기적으로 안정적인 수익을 낼 수 있는 핵심 전략이 될 수 있습니다.
- 공격적인 투자 전략과 안정적인 투자 전략은 개인의 투자 성향과 목표에 따라 조정해야 합니다.
- 소액 투자자라도 꾸준한 투자를 한다면 10~20년 후 큰 자산 증식을 경험할 수 있습니다.

※ 배당 투자 포트폴리오는 단순히 배당률만 보는 것이 아니라, 장기적인 성장 가능성과 안정성까지 고려해야 합니다.

5.3 배당 투자 실패 사례 분석

배당 투자는 장기적으로 안정적인 현금흐름을 제공하지만, 모든 배당주가 성공적인 것은 아닙니다. 배당을 유지하지 못하거나 삭감(Dividend Cut)하거나, 심지어 배당을 중단하는 경우도 있습니다.

이 장에서는 배당 투자의 실패 사례를 심층 분석하고, 배당 유지가 어려운 기업의 특징을 정리하며, 배당 컷 발생 시 대응 전략까지 상세히 설명하겠습니다.

1. 높은 배당 성향 (Payout Ratio 80% 이상)

제너럴 일렉트릭(GE): 2017년 배당 삭감.

GE는 한때 미국을 대표하는 배당 귀족주로, 오랜 기간 안정적인 배당금을 지급해왔습니다. 그러나 2008년 금융위기 이후 수익성이 급격히 악화하면서 2009년에는 배당을 68% 삭감했고, 2018년에는 재정 악화로 인해 배당금을 90% 이상 줄였습니다. 이에 따라 주가도 급락하며, 투자자들의 신뢰를 크게 잃게 되었습니다.

배당 삭감 직후 GE의 주가는 40% 이상 하락했으며, 그 배경에는 비효율적인 사업 구조, 과도한 부채, 그리고 악화한 현금흐름이 자리하고

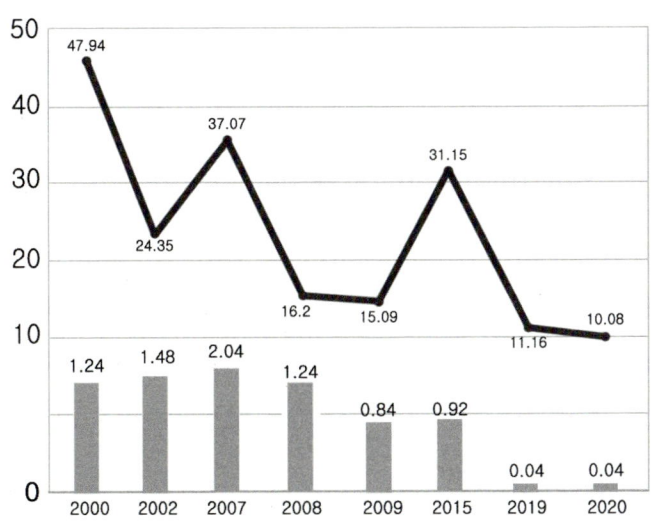

있었습니다. 이 사례는 '오랜 배당 이력'이 '미래의 배당 안정성'을 보장하지 않는다는 점을 잘 보여줍니다.

교훈: 전통적인 배당주라고 해서 무조건 안전한 것은 아니며, 기업의 재무 건전성을 항상 점검해야 합니다.

General Electric (GE) 연도별 주가 및 배당 변화 추이

연도	배당금 (주당 USD)	주가 (연말 종가, USD)	주요 사건 및 주가 변동
2000	1.24	47.94	Dot-com 버블 정점
2001	1.36	39.8	Dot-com 버블 붕괴 여파
2002	1.48	24.35	회계 스캔들 및 시장 불안
2003	1.6	30.4	시장 회복 시작
2004	1.72	36.6	안정적인 성장
2005	1.84	34.5	
2006	1.96	38.32	
2007	2.04	37.07	금융위기 전 고점
2008	1.24	16.2	글로벌 금융위기로 주가 급락
2009	0.82	15.09	배당금 삭감 시작
2010	0.46	18.29	
2011	0.61	17.91	
2012	0.7	20.56	
2013	0.76	28.03	
2014	0.88	25.27	
2015	0.92	31.15	
2016	0.96	31.6	
2017	0.84	17.45	배당금 축소 및 주가 하락
2018	0.34	7.57	추가 배당금 삭감 및 주가 급락
2019	0.04	11.16	극단적 배당금 삭감
2020	0.04	10.8	COVID-19 팬데믹 영향

자료 작성: ChatGPT를 활용한 저자 재구성 (2025 기준)

2. 배당 삭감(Dividend Cut)

AT&T (T)의 배당 삭감과 사업 구조 변경

AT&T는 미국의 대표적인 고배당주였지만, 2021년 배당 성향이 75%를 넘어서면서 재정적으로 부담이 커지게 되면서 결국, 미디어 사업부(워너미디어)를 스핀오프[7] 하면서 배당금을 47% 삭감하게 되었습니다.

[주요 사건 및 주가 변동]

- 2020년: COVID-19 팬데믹으로 인해 주가가 하락하였으나, 배당금은 주당 2.08달러로 유지되었습니다.
- 2021년: 미디어 자산 분할 계획 발표로 인해 시장의 불확실성이 증가하였으며, 주가가 하락하였습니다.
- 2022년: 워너미디어(WarnerMedia) 부문을 스핀오프하면서 분기별 배당금이 주당 0.52달러에서 0.2775달러로 약 47% 감소하였습니다. 이는 주가 하락의 주요 원인 중 하나였습니다.
- 2023년: 미디어 사업을 정리하고 통신 사업에 집중한 결과, 주가가 회복세를 보였습니다.

교훈: 배당주에 투자할 때는 단순히 배당률만 보는 것이 아니라, 기업이 배당을 지속할 수 있는지 배당 성향과 현금흐름(Free Cash Flow,

---

[7] 스핀오프(Spin-Off): 회사가 특정 사업 부문을 독립된 회사로 분리하는 것. AT&T는 워너미디어를 따로 떼어내어 워너브라더스 디스커버리(WBD)라는 새로운 회사로 만들었고, 그 과정에서 배당금이 줄어듦.

FCF) 등을 함께 분석해야 합니다.

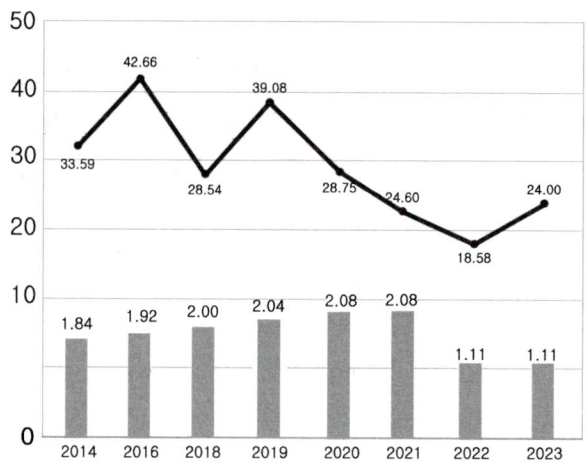

AT&T (T)의 연도별 주가, 배당금, 배당 성향 변화 추이

연도	배당금 (주당 USD)	주가 (연말 종가, USD)	배당 성향(%)	주요 사건 및 주가 변동
2014	1.84	33.59	58.52	안정적인 배당 정책 유지
2015	1.88	34.41	59.00	-
2016	1.92	42.66	60.00	-
2017	1.96	38.94	61.00	-
2018	2.00	28.54	63.00	-
2019	2.04	39.08	65.00	-
2020	2.08	28.75	70.00	COVID-19 팬데믹 영향으로 주가 하락
2021	2.08	24.60	75.00	미디어 자산 분할 계획 발표로 인한 불확실성 증가
2022	1.11	18.58	50.00	워너미디어 스핀오프로 인한 배당금 삭감 및 주가 하락
2023	1.11	24.00	50.00	통신 사업 집중으로 주가 회복

자료 작성: ChatGPT를 활용한 저자 재구성 (2025 기준)

3. 실적 악화로 인한 배당 지속 불가능

[델타 항공(DAL) 사례]

　기업의 매출과 순이익이 지속적으로 감소하면 결국 배당을 유지하기 어려워집니다. 특히 경기 민감 업종(항공, 원자재, 자동차 등)은 경기 변동에 따라 실적이 크게 변동할 가능성이 높습니다.

- 실제 사례: 델타 항공(DAL) – 팬데믹으로 배당 중단
  - 델타 항공은 2010년대 후반까지 높은 배당금을 지급하며 투자자들에게 인기가 많았습니다.
  - 2019년 기준 델타 항공의 연간 배당률은 3% 수준으로 안정적인 배당주로 평가받았습니다.
  - 하지만 2020년 코로나19 팬데믹으로 인해 항공 산업이 큰 타격을 받으면서, 매출이 70% 이상 급감했습니다.
  - 결국 2020년 3월, 델타 항공은 배당을 전면 중단했고, 이후 4년이 지나도록 배당을 재개하지 못하고 있습니다.
  - 주가는 2020년 초 대비 50% 이상 폭락했습니다.

교훈: 배당이 지속 가능하려면 안정적인 현금흐름이 필수적이다. 경기 민감 업종은 실적 악화 시 배당이 중단될 가능성이 크다.

4. 배당률이 지나치게 높은 기업 (배당률 10% 이상)

[컷백 에너지 사례]

배당률이 비정상적으로 높은 기업은 배당 지속 가능성이 낮을 가능성이 큽니다.

적정 배당률: 2~6%　|　위험한 배당률: 10% 이상

- **실제 사례:** 컷백 에너지(Cutback Energy) – 고배당의 함정
  컷백 에너지는 배당률이 12% 이상을 기록하며 투자자들에게 인기가 많았지만, 원유 가격 폭락으로 인해 배당을 삭감했습니다.
  - 2019년, 컷백 에너지는 12% 이상의 높은 배당을 지급하며 고배당주로 주목받았습니다.
  - 하지만 2020년 국제 유가가 폭락하면서 기업의 실적이 급감했고, 현금흐름이 악화되었습니다.
  - 결국 2020년 말, 배당을 전면 중단했으며, 주가는 70% 이상 폭락했습니다.
  - 2021년, 회사는 구조조정을 거쳤지만, 배당을 다시 지급하지 못했습니다.

  교훈: 배당률이 지나치게 높은 기업은 배당 지속 가능성이 낮을 수 있다. 높은 배당률이 투자 매력도가 아니라 위험 신호일 수도 있다.

5. 배당 삭감(Dividend Cut) 발생 시 대응 전략

① 배당 삭감의 원인을 분석하라

배당 삭감이 일시적인 실적 악화 때문인지, 장기적인 문제인지 파악해야 합니다.

② 주가 급락 후 추가 매수 또는 손절 여부 결정

기업이 다시 배당을 회복할 가능성이 있다면 저점 매수 기회로 활용할 수 있습니다.

③ 대체 투자처로 리밸런싱

배당 삭감된 기업에서 다른 안정적인 배당주나 ETF로 자금을 이동하는 것도 좋은 전략입니다.

> 예)
> 개별 고배당주 ⋯▶ SCHD, VYM 같은 고배당 ETF로 이동

④ 배당 성장주를 중심으로 포트폴리오 구성

꾸준히 배당을 증가시키는 배당 성장주에 투자하는 것이 장기적으로 안전합니다.

> 예)
> JNJ, PG, MSFT, V (배당 성장주)

| 결론 |

- 배당 투자는 철저한 분석이 필요합니다.
- 단순히 배당률이 높은 기업이 아니라 배당을 지속할 수 있는 기업

을 골라야 합니다.
- 배당 컷이 발생했을 때는 원인을 분석하고, 필요하면 포트폴리오를 조정하는 것이 중요합니다.

네이르의 투자 노트

흔히들 주식을 하게 되면 개별 종목도 나눠서 담으라고 합니다. 제 개인적인 생각으론 5-7개 종목에서 많게는 10개 종목까지 관리하는 게 좋다고 생각합니다. 다만 한 계좌에 개별 종목도 들어가고 배당주도 들어가고 하다 보면 자금 관리에 어려움이 발생합니다. 카카오톡이나 앱을 통해서 배당이 들어왔다고 알림이 오긴 하지만 대기자금과 섞여서 어려움이 발생할 수 있습니다.

개별 종목을 거래하는 계좌, 배당주만 관리하는 계좌, 중기 매매로 그때그때 사고파는 계좌, 등 여러 계좌를 두고 운영하시는 분들도 있지만 저는 개별 종목 계좌, 배당 계좌 이렇게 2개만 운영하기를 추천해 드립니다.

배당 계좌만 따로 관리해서 매달 들어오는 배당금을 다시 배당주를 추가 매수 할 때 유용하게 관리가 될 뿐 아니라 증권사 앱마다 다르겠지만 1년을 결산할 때 내가 올해 얼마의 배당을 받았는지 배당으로 나간 세금이 얼마인지 그리고 2,000만 원 이상의 배당을 받게 되어 종합 소득세에 포함될지 말지를 판단할 때 필요합니다. 또한 주식을 시작할 때 배당주만 하려고 계획하시는 분들도 있겠지만, 개별 종목 한두 개 정도는 장기 포트폴리오에 같이 넣어 두고 관리하시는 걸 추천합니다.

　배당주 위주의 투자를 한다는 것은 나의 자산을 최대한 안전하게 굴려서 큰 효과를 보기 위함입니다. 은행에 넣어두고 이자를 받는 것보다는 배당이 올바른 길이라고 생각하고 투자를 하시고 있을 거라 생각합니다. 투자에 있어 100%는 없습니다. 주식에서도 배당이 100% 옳다고는 할 수 없습니다. 다만 우리가 최대한 안전하게 오랜 기간 꾸준한 수익을 누리고 하락기엔 최대한 적은 손해를 보기 위해서 관리하는 것입니다.

　주식 안에서도 배당과 개별 종목의 비중을 달리하는 것이 좋다고 봅니다. 예를 들어 개별 종목 20%, 배당 70%, 잉여자금 10% 나눠서 관리하고 경기 침체로 인한 하락기에는 잉여자금 10%와 배당금으로 하락한 배당주를 낮은 가격에 담아서 수량을 늘리고 주식 상승기엔 다시 많이 오른 종목을 조금씩 정리하여 잉여자금 10%를 채워두고 유지해야 합니다.

　여기서 개별 종목을 포트폴리오에 넣어둘 때 최대한 안전하게 가능하면 시가총액이 높은 우량주 위주로 담아 두길 추천합니다. 그리고 개별 종목 구성에 어려움이 있다면 흔히들 이야기하는 "매그니피센터 7"로 구성된 ETF를 추천해 드립니다. 이는 미국 증시를 대표하는 기술 대장주인 "애플, MS, 아마존, 알파벳, 엔비디아, 테슬라, 메타" 이렇게 7개 종목을 이야기하고 이 종목들을 동일비중으로 투자하고 분기별 리밸런싱을 통해 균형을 유지는 종목이 "Roundhill Magnificent Seven ETF (티커: MAGS)"입니다.

　지난 투자 노트에서 잠깐 언급했지만, 이는 FOMO를 예방하기 위한 중요한 역할을 할 수 있습니다. 배당 투자라는 것이 우리가 한 번에 많은 자금을 들여서 배당주를 많이 사면 그만큼 많은 배당금이 들어오기 때문에

심리적으로 괜찮을 수 있지만, 상대적으로 적은 돈으로 꾸준히 매수해서 모으다 보면 실질적인 수익이 눈에 보이지 않아 금방 포기할 수도 있습니다. 하지만 이렇게 개별 종목이나 대표 종목 ETF를 투자하다 보면 증시 상승기 때 일정 부분 수익이 따라가기 때문에 상대적 박탈감을 이겨 낼 수 있습니다.

6장 배당으로 은퇴한 사람들

– 현실 가능한 플랜 짜기

| 예시 사례 1 |

배당 성장주를 활용한 20년 장기 투자 (미국 투자자 존의 이야기)

- 기본 정보
    - 투자자: 존, 30대 초반부터 배당 투자 시작
    - 초기 자본: $50,000 (약 6,500만 원)
    - 월 투자 금액: $1,500 (약 195만 원)
    - 연평균 배당 수익률: 4%
    - 연평균 주가 성장률: 6%
    - 투자 기간: 20년

- 스토리

  존은 30대 초반에 회사를 그만두고 새로운 직업을 시작하며, 늘 재정적 안정에 대해 고민해왔습니다. 그는 직장에서 퇴직금이나 연금 없이 은퇴할 수 있을지 불안함을 느꼈습니다. 그때, 배당 성장주에 대해 알게 되었고, 장기적으로 꾸준한 배당 수익이 안정적인 소득원이 될 수 있다는 점을 깨닫고 투자를 결심했습니다.

존은 초기 자본 50,000달러를 Johnson & Johnson (JNJ) 와 Procter & Gamble (PG) 와 같은 배당 성장주에 투자했습니다. 그는 매년 발생한 배당금을 모두 다시 재투자하며 복리 효과를 극대화하기로 했습니다. 존은 시장의 변동성에 크게 영향을 받지 않으려 했고, 장기적인 관점에서 투자하는 것이 중요하다는 믿음을 가졌습니다.

> **적용 가능한 배당주**
> - Johnson & Johnson (JNJ): 안정적인 배당 성장과 꾸준한 매출 성장을 보여주는 대표적인 배당 성장주.
> - Procter & Gamble (PG): 주기적인 배당 인상으로 유명하며, 필수 소비재 시장에서 강력한 입지를 가지고 있습니다.

20년 후, 존은 은퇴를 결심할 수 있었고, 배당 소득만으로도 여유롭게 생활할 수 있는 수준에 도달했습니다. 배당 성장이 빠른 기업들이 그의 투자 포트폴리오를 크게 성장시키며, 그의 투자 결정은 큰 성공을 거두었습니다.

- 20년 후 결과
    - 총 투자 원금: $410,000 (약 5억 3,300만 원)
    - 최종 포트폴리오 가치: $1,120,000 (약 14억 5,600만 원)
    - 연간 배당 소득: $45,000 (약 5,850만 원)

| 예시 사례 2 |

고배당 ETF 중심의 10년 투자 (퇴직을 앞둔 마크의 이야기)

- 기본 정보
    - 투자자: 마크, 50세부터 투자 시작
    - 초기 자본: $200,000 (약 2억 6,000만 원)
    - 월 추가 투자 금액: $2,000 (약 260만 원)
    - 투자 상품: 고배당 ETF (SCHD, JEPI, SPYD)
    - 연평균 배당 수익률: 6%

- 스토리

마크는 50대 초반, 퇴직을 10년 앞두고 있던 상황에서 배당 투자를 시작했습니다. 퇴직 후의 생활을 계획하면서 자산을 빠르게 늘릴 방법을 고민하던 중, 안정적인 수익원을 제공하는 고배당 ETF를 발견했습니다. 마크는 매월 $2,000씩 꾸준히 투자할 결심을 했습니다. 그는 S&P 500 High Dividend Yield Index를 추적하는 ETF에 집중하며, 리스크 분산을 중요시했습니다.

마크는 시장의 변동성에도 불구하고 고배당 ETF가 꾸준한 배당 수익을 제공할 것이라는 신뢰를 가졌습니다. 10년 동안 배당금을 재투자하면서 포트폴리오 가치는 크게 성장했고, 은퇴 후에도 고배당 ETF의 안정적인 배당 수익으로 생활비를 충분히 커버할 수 있었습니다.

> **적용 가능한 배당 ETF**
> - SCHD (Schwab U.S. Dividend Equity ETF): 고배당 성장주 중심의 ETF로, 안정적인 배당 수익과 저위험을 제공.
> - JEPI (JPMorgan Equity Premium Income ETF): 지속적인 배당을 제공하며, 배당 성장을 위한 전략적 포트폴리오를 가지고 있음.
> - SPYD (SPDR Portfolio S&P 500 High Dividend ETF): S&P 500 지수에서 고배당 종목들로 구성된 ETF로, 다양한 산업에 투자하여 리스크를 분산할 수 있음.

- 10년 후 결과
    - 총 투자 원금: $440,000 (약 5억 7,200만 원)
    - 최종 포트폴리오 가치: $750,000 (약 9억 7,500만 원)
    - 연간 배당 소득: $50,000 (약 6,500만 원)

| 예시 사례 3 |

5년 집중 투자로 FIRE 실현 (젊은 부부의 이야기)

- 기본 정보
    - 투자자: 제이크 & 소피, 30대 중반부터 투자 시작
    - 초기 자본: $100,000 (약 1억 3,000만 원)
    - 월 추가 투자 금액: $5,000 (약 650만 원)
    - 연평균 배당 수익률: 5%
    - 목표 기간: 5년

- 스토리

　제이크와 소피는 30대 중반에 조기 은퇴(FIRE)를 목표로 배당 투자에 나섰습니다. 그들은 소득의 50% 이상을 절약하고, 월 $5,000을 배당 투자에 할애했습니다. 그들은 빠르게 자산을 불려 나가며, 5년 후에는 배당금만으로 생활이 가능한 수준에 도달할 수 있었습니다.

　이 부부는 초기 자본 $100,000과 매월 $5,000씩 투자하면서 고배당 ETF와 일부 배당 성장주에 분산 투자했습니다. 그들은 배당금만으로 은퇴 후 생활비를 충당하는 목표를 설정했으며, 5년 후 목표를 거의 달성했습니다.

> 적용 가능한 배당 ETF/배당주
> - VYM (Vanguard High Dividend Yield ETF): 안정적인 배당 소득을 제공하는 ETF로, VYM은 다양한 산업에 분산되어 있어 리스크를 분산할 수 있습니다.
> - O (Realty Income): 지속적으로 배당금을 지급하는 대표적인 월배당 REIT(부동산 투자신탁)로, 안정적인 수익을 제공합니다.

- 5년 후 결과
    - 총 투자 원금: $400,000 (약 5억 2,000만 원)
    - 최종 포트폴리오 가치: $600,000 (약 7억 8,000만 원)
    - 연간 배당 소득: $30,000 (약 3,900만 원)

| 예시 사례 4 |

월복리 배당 투자 (한국 투자자 박지훈의 이야기)

- 기본 정보
    - 투자자: 박지훈, 30대 초반부터 배당 투자 시작
    - 초기 자본: 20,000,000원 (약 15,000달러)
    - 월 투자 금액: 300,000원 (약 225달러)
    - 투자 기간: 10년
    - 연평균 배당 수익률: 5%
    - 재투자 전략: 월복리 재투자

- 스토리

박지훈은 30대 초반에 배당 투자를 시작했을 때, 복리 효과의 중요성을 깨달았습니다. 그는 매월 발생하는 배당금을 재투자하여, 복리의 힘을 최대한 활용할 수 있기를 원했습니다.

박지훈은 초기 자본 20,000,000원을 시작으로, 매월 300,000원씩 투자하며, 고배당 ETF와 배당 성장주에 분산 투자했습니다. 그는 주로 배당이 매월 지급되는 상품에 투자하며, 배당금을 매월 재투자하여 월복리로 이자 수익을 불려 나갔습니다.

매월 배당금을 재투자하며 자산이 급격히 성장했고, 특히 첫 2년 동안은 복리 효과가 잘 나타나지 않지만, 3년째부터는 월복리 재투자의 효과가 크게 나타나기 시작했습니다. 그는 특히 고배당 ETF와 안정적인 배당 성장주에 집중하면서, 월복리 배당 전략을 통해 자산을 빠르게 불렸습니다.

> **적용 가능한 배당 ETF/배당주**
> - SCHD (Schwab U.S. Dividend Equity ETF): 고배당 주식 중심으로 구성된 ETF로, 안정적이고 꾸준한 배당을 제공합니다.
> - VYM (Vanguard High Dividend Yield ETF): 다양한 산업에 걸쳐 고배당 주식들을 포함한 ETF로, 리스크 분산과 안정적인 배당 수익을 동시에 추구할 수 있습니다.
> - O (Realty Income): 매월 배당금을 지급하는 대표적인 월배당 REIT로, 월복리 배당 재투자에 적합한 투자 상품입니다.

- 10년 후 결과
    - 총 투자 원금: 40,000,000원 (약 30,000달러)
    - 최종 포트폴리오 가치: 80,000,000원 (약 60,000달러)
    - 연간 배당 소득: 4,000,000원 (약 3,000달러)

- 월복리 배당 전략의 효과
    - 3년차부터 배당금 재투자로 인해 자산이 빠르게 증가했으며, 7년차부터는 배당 소득만으로도 생활비 일부를 커버할 수 있는 수준에 도달했습니다.
    - 복리 효과 덕분에 10년 동안 원금의 2배 이상 성과를 얻을 수 있었으며, 계속해서 배당금이 증가하는 추세를 보였습니다.

경제적 자유 달성 로드맵 (5년/10년/20년)

목표 기간	월 투자 금액 (USD)	월 투자 금액 (KRW)	연평균 배당 수익률	예상 포트폴리오가치 (USD)	예상 포트폴리오 가치 (KRW)	예상 연간 배당 소득 (USD)	예상 연간 배당 소득 (KRW)
5년	$5,000	650만 원	5%	$600,000	약 7억 8,000만 원	$30,000	약 3,900만 원
10년	$2,000	260만 원	6%	$750,000	약 9억 7,500만 원	$50,000	약 6,500만 원
20년	$1,500	195만 원	4~5%	$1,120,000	약 14억 5,600만 원	$45,000	약 5,850만 원

매월 10만원, 30만원, 50만원 배당 투자 사례

| 예시 사례 5 |

매월 10만원 배당 투자 (한국 투자자 김영수의 이야기)

- 기본 정보
    - 투자자: 김영수, 20대 후반부터 배당 투자 시작
    - 초기 자본: 10,000,000원 (약 7,500달러)
    - 월 투자 금액: 100,000원 (약 75달러)
    - 투자 기간: 5년
    - 연평균 배당 수익률: 4%

- 스토리

김영수는 직장에서 초봉을 받으며 배당 투자를 통해 자산을 키우고자 결심했습니다. 월급의 일부를 배당 투자에 할애하고, 5년 후에는 배당금을 통해 여유롭게 생활할 수 있기를 바랐습니다. 매월 10만원을 고배당 ETF와 일부 안정적인 배당 성장주에 분배하며, 장기적으로 배당금이 늘어나는 것을 목표로 삼았습니다.

- 5년 후 결과
    - 총 투자 원금: 6,000,000원
    - 최종 포트폴리오 가치: 7,500,000원
    - 연간 배당 소득: 300,000원

| 예시 사례 6 |

매월 30만원 배당 투자 (한국 투자자 이지훈의 이야기)

- 기본 정보
    - 투자자: 이지훈, 30대 초반부터 배당 투자 시작
    - 초기 자본: 15,000,000원 (약 11,250달러)
    - 월 투자 금액: 300,000원 (약 225달러)
    - 투자 기간: 10년
    - 연평균 배당 수익률: 5%

- 스토리

이지훈은 안정적인 수익원을 확보하기 위해 매월 30만원을 배당 투자로 분배했습니다. 그는 고배당 ETF와 배당 성장주를 중심으로 포트폴리오를 구성하며, 10년 후에는 배당 소득만으로 조기 은퇴를 할 수 있기를 목표로 했습니다.

- 10년 후 결과
    - 총 투자 원금: 30,000,000원
    - 최종 포트폴리오 가치: 45,000,000원
    - 연간 배당 소득: 1,500,000원

| 예시 사례 7 |

매월 50만원 배당 투자 (한국 투자자 최수진의 이야기)

- 기본 정보
    - 투자자: 최수진, 40대 중반부터 배당 투자 시작
    - 초기 자본: 30,000,000원 (약 22,500달러)
    - 월 투자 금액: 500,000원 (약 375달러)
    - 투자 기간: 15년
    - 연평균 배당 수익률: 6%

- 스토리

최수진은 은퇴를 준비하면서 매월 50만원씩 배당 투자를 시작했습니다. 15년 동안 꾸준히 고배당 ETF와 배당 성장주에 투자하면서 복리 효과를 기대했습니다. 그는 자산을 안정적으로 불려 은퇴 후 여유로운 생활을 계획했습니다.

- 15년 후 결과
    - 총 투자 원금: 90,000,000원
    - 최종 포트폴리오 가치: 140,000,000원
    - 연간 배당 소득: 4,000,000원

- 월복리 배당 전략의 장점
    - 복리 효과 극대화: 배당금을 재투자함으로써, 처음에는 적은 배당금으로 시작하지만 시간이 지날수록 그 효과는 눈덩이처럼 커집니다.
    - 배당금 재투자: 매월 발생하는 배당금을 재투자하여 원금이 빠르게 증가합니다. 이를 통해 자산 성장률이 높아지며, 장기적인 배당 소득도 증가합니다.
    - 리스크 분산: 월복리 배당 전략은 고배당 ETF나 배당 성장주와 같은 다양한 상품에 투자하여 리스크 분산을 돕습니다.

- 배당 재투자 전략을 활용한 자산 증가 공식
    - 최초 투자 금액: $10,000
    - 연간 배당 수익률: 5%
    - 배당 재투자 기간: 10년

- 연복리 효과: 5%
- 10년 후 자산: 최종 자산= $16,288 (약 2,100만 원)

네이르의 투자 노트

　이번 4부 6장에서는 다양한 투자 사례들을 소개했습니다. 물론 이 사례들이 모든 독자에게 그대로 적용되기는 어렵습니다. 개인의 근로소득, 사업소득, 유동 가능한 자금 등 경제적 여건이 제각기 다르기 때문입니다. 하지만 이 장에서는 "투자의 시작은 목표 설정에서 출발해야 한다"라는 것을 말하고 싶었습니다. 이 글을 읽고 있는 여러분은 각자의 나이, 현재의 소득 수준(급여 혹은 사업소득), 그리고 앞으로의 여건을 고려해야 합니다.

　예를 들어 "내가 몇 살에 얼마를 모을 것인지", "혹은 목표 금액이 1억, 2억, 3억이라면 어떤 종목 구성과 전략이 필요한지", 또는 "은퇴 이후 매달 안정적으로 받을 수 있는 배당금이 얼마인지"

　이러한 목표를 먼저 설정한 뒤에, 그에 맞는 포트폴리오 구성과 수익률 시뮬레이션을 통해 현실적인 계획을 세워야 합니다.
　단지 "좋다더라"라는 말만 듣고 맹목적으로 투자에 나설 경우, 내가 어디쯤 와 있는지 방향을 잃고, 결국 지치거나 중도에 포기하게 될 수 있습니다. 투자는 목표가 있어야 지속할 수 있고, 목표가 있어야 미래가 보이기 때문입니다.

5부

나에게 맞는 배당 전략과 배당 투자의 미래

1장 투자 성향별 배당 전략

배당 투자에서는 투자자의 성향에 따라 포트폴리오를 다르게 구성하는 것이 중요합니다. 안정형, 성장형, 고수익형 포트폴리오는 각기 다른 목표와 리스크 수용도를 반영하는 전략입니다. 여기에서는 각 성향에 맞춘 포트폴리오 구성을 설명하고, 초보 투자자를 위한 쉬운 배당주 조합도 함께 제시합니다.

1.1 안정형 포트폴리오 구성법

목표: 안정적인 배당 소득 확보, 리스크 최소화

안정형 포트폴리오는 리스크를 최소화하고, 안정적인 배당 수익을 확보하는 것을 목표로 합니다. 이 포트폴리오는 배당이 지속적으로 지급

되는 안정적인 기업과 ETF에 집중하며, 시장 변동성에 덜 영향을 받는 상품을 선택합니다.

[포트폴리오 구성]

- 고배당 ETF (40%)
  - SCHD (Schwab U.S. Dividend Equity ETF): 주로 고배당 주식에 투자하는 ETF로, 낮은 리스크로 안정적인 수익을 제공합니다.
  - VYM (Vanguard High Dividend Yield ETF): 다양한 산업에 걸쳐 고배당 주식들이 포함되어 있어 리스크 분산 효과가 있습니다.
- 유틸리티 및 필수 소비재 주식 (30%)
  - D (Dominion Energy): 유틸리티 분야의 고배당 주식으로 안정적인 현금흐름을 제공합니다.
  - KO (Coca-Cola): 세계적인 음료 브랜드로, 꾸준한 배당 성장을 자랑하는 기업입니다.
- REITs (20%)
  - O (Realty Income): 월배당 REIT로, 안정적이고 꾸준한 배당 지급이 특징입니다.
- 현금성 자산 (10%)
  - 시장 변동성에 대비한 현금 비율을 유지하여, 필요시 리밸런싱이 가능합니다.
- 예상 배당 수익률: 연 4~6%
- 리스크 수준: 낮음

- 추천하는 이유: 안정적인 배당을 추구하며, 주식시장의 변동성에 영향을 덜 받는 자산들로 구성됩니다.

1.2 성장형 포트폴리오 구성법

목표: 장기적인 배당 성장과 자본 이득 추구

성장형 포트폴리오는 배당 성장이 빠른 기업에 투자하여 장기적으로 자본 이득과 배당 수익을 동시에 추구합니다. 이 포트폴리오는 배당이 점진적으로 증가하는 기업에 집중하며, 리스크를 감수할 수 있는 투자자에게 적합합니다.

[포트폴리오 구성]

- 배당 성장주 (40%)
    - MSFT (Microsoft): 배당이 점진적으로 증가하는 기술 분야의 대표적인 기업입니다.
    - AAPL (Apple): 꾸준한 배당 성장을 보여주는 기술주로, 장기적으로 자본 이득을 얻을 수 있습니다.
- 배당 성장 ETF (30%)
    - NOBL (S&P 500 Dividend Aristocrats ETF): 25년 이상 연속

배당금을 지급한 기업들로 구성된 ETF로, 성장과 안정성을 동시에 추구할 수 있습니다.
- 소비재 주식 (20%)
  - PG (Procter & Gamble): 소비재 분야에서 꾸준히 배당을 증가시키는 기업입니다.
- 배당 재투자 및 현금 (10%)
  - 일부 현금을 보유하여 추가적인 투자 기회가 생길 때 활용합니다.
- 예상 배당 수익률: 연 3~5%
- 리스크 수준: 중간
- 추천하는 이유: 배당 성장과 자본 이득을 동시에 추구하는 전략으로, 장기적으로 높은 수익을 기대할 수 있습니다.

1.3 고수익형 포트폴리오 구성법

목표: 높은 배당 수익률 추구, 위험 감수

고수익형 포트폴리오는 높은 배당 수익률을 제공하는 자산에 집중합니다. 이 포트폴리오는 일반적으로 리스크가 높은 자산에 투자하게 되므로, 안정성보다는 수익률을 중시하는 투자자에게 적합합니다.

[포트폴리오 구성]

- 고배당 주식 (40%)
    - MO (Altria): 높은 배당 수익률을 제공하는 기업으로, 담배 산업에 속해 있습니다. 하지만 시장 위험이 따릅니다.
    - T (AT&T): 높은 배당금을 지급하지만, 경쟁이 치열한 통신 분야에서 리스크가 있을 수 있습니다.
- REITs (30%)
    - AGNC (AGNC Investment Corp.): 고배당 REITs로, 높은 배당 수익을 제공합니다. 하지만 시장 변동성에 더 민감합니다.
    - SLG (SL Green Realty Corp.): 상업용 부동산을 운영하는 REIT로, 고배당을 제공합니다.
- 배당 ETF (20%)
    - HDV (iShares High Dividend ETF): 고배당 주식에 집중한 ETF로, 리스크가 다소 높습니다.
- 채권 및 현금성 자산 (10%)
    - 일부 현금을 보유하여, 급격한 시장 변화에 대응할 수 있습니다.
- 예상 배당 수익률: 연 6~8%
- 리스크 수준: 높음
- 추천하는 이유: 높은 배당 수익을 추구하는 투자자에게 적합하며, 시장 변동성에 더 민감할 수 있으므로 리스크를 감수할 준비가 필요합니다.

1.4 초보 투자자를 위한 쉬운 배당주 조합

배당 투자에 처음 입문하는 초보 투자자들은 간단한 배당주 조합으로 안정적이고 꾸준한 수익을 목표로 할 수 있습니다. 고배당 ETF와 안정적인 배당 성장주를 적절히 섞은 포트폴리오를 구성하는 것이 좋습니다.

[추천 포트폴리오 구성]

- 고배당 ETF (60%)
    - SCHD (Schwab U.S. Dividend Equity ETF): 안정적인 배당주로 구성된 ETF로, 초보자에게 적합합니다.
    - VYM (Vanguard High Dividend Yield ETF): 다양한 산업군의 고배당 주식들로 구성되어 안정적이고 리스크가 낮습니다.
- 배당 성장주 (40%)
    - KO (Coca-Cola): 안정적인 배당 성장을 보여주는 기업으로, 초보자에게 부담 없이 투자할 수 있습니다.
    - PG (Procter & Gamble): 꾸준한 배당 성장을 지속하는 소비재 기업입니다.
- 예상 배당 수익률: 연 4~5%
- 리스크 수준: 낮음
- 추천하는 이유: 초보자도 안정적인 이익을 얻을 수 있도록 배당 성장이 지속적인 기업과 고배당 ETF를 중심으로 구성됩니다. 리스크가 낮고, 분산 투자 효과가 있어 안전한 배당 투자를 시작할 수 있습니다.

네이르의 투자 노트

　배당 투자 포트폴리오는 투자자의 성향과 목표에 따라 유연하게 조정되어야 합니다.

　예를 들어, 안정형 포트폴리오는 리스크를 최소화하고, 예측 가능한 배당 소득을 꾸준히 확보하려는 투자자에게 적합합니다. 보통은 배당 이력이 길고 재무 구조가 탄탄한 기업이나 ETF로 구성됩니다.

　반면, 성장형 포트폴리오는 배당 수익률보다는 배당 성장 가능성에 집중합니다. 시간이 지날수록 배당금이 늘어나고, 주가 상승까지 기대할 수 있는 기업들을 중심으로 장기적인 복리 효과를 추구합니다.

　고수익형 포트폴리오는 이름 그대로 높은 배당 수익률을 목표로 하지만, 그만큼 가격 변동성과 배당 지속성에 대한 리스크도 감수해야 합니다. 커버드콜 ETF나 리츠, 특정 고배당 개별주가 여기에 해당합니다.

　초보 투자자라면 고배당 ETF와 안정적인 배당 성장주를 함께 구성해 보는 것이 좋습니다. 처음부터 수익률에 욕심을 내기보다는, 포트폴리오 내 역할 분담을 명확히 설정하고 점진적으로 리스크 감내 범위를 넓혀가는 것이 배당 투자의 좋은 출발점이 될 수 있습니다.

2장 지속 가능한 배당 투자

- 리밸런싱과 장기 유지법

리밸런싱은 투자 포트폴리오의 위험을 관리하고 최적의 수익을 추구하는 중요한 과정입니다. 시장의 변화나 개인 투자자의 목표 변화에 따라 포트폴리오를 재조정하는 것은 장기적인 투자 성공을 위한 핵심 전략입니다. 이 섹션에서는 배당주와 ETF 포트폴리오의 리밸런싱 전략을 다루고, 배당주와 ETF 리밸런싱 주기 및 방법에 관해 설명하겠습니다.

2.1 시장 변화에 따른 포트폴리오 조정

시장 변화는 예기치 않게 발생할 수 있으며, 이에 따라 포트폴리오의 성과가 영향을 받을 수 있습니다. 시장 변동성, 금리 변화, 경기 사이클의 변화, 혹은 특정 산업군의 성과가 전체 포트폴리오의 리스크와 수익성에 큰 영향을 미칠 수 있기 때문에 이를 반영한 포트폴리오 조정이 필요합니다.

다. 포트폴리오 리밸런싱은 주로 다음과 같은 상황에서 필요합니다.

1. 주식/채권 비중 변화

금리 변화가 예상될 때, 금리가 상승하면 채권의 가치가 하락할 수 있기 때문에, 채권 비중을 조정하거나 금리 민감도가 낮은 자산군으로 이동할 필요가 있습니다.

주가가 상승하면 주식 비중이 커지면서 포트폴리오의 위험이 과도하게 커질 수 있기 때문에, 일부 주식을 매도하고 안정적인 자산으로 이동해야 합니다.

2. 산업 및 섹터 변화

산업의 변동성에 따라 포트폴리오의 비중을 조정해야 할 때가 있습니다. 예를 들어, 테크 주식이 강세를 보이고 있으면 기술 섹터의 비중을 늘리고, 반대로 안정적인 배당주나 소비재 섹터의 비중을 높일 수 있습니다.

3. 배당 수익의 변화

배당금 지급액이 예기치 않게 감소하거나 배당주가 하락할 경우, 리밸런싱을 통해 배당 성향이 높은 자산으로 이동하거나, 다른 배당주를 추가하는 방법을 고려할 수 있습니다.

2.2 배당주와 ETF 리밸런싱 주기와 방법

배당주와 ETF는 리밸런싱 주기와 방법에서 다소 차이가 있을 수 있지만, 기본적으로 목표는 위험을 분산하고, 지속 가능한 수익을 추구하는 것입니다.

1. 배당주 리밸런싱

배당주는 일반적으로 안정적인 수익을 제공하지만, 배당 성향이나 재무 상태, 업종 특성에 따라 리밸런싱이 필요할 수 있습니다. 배당주 리밸런싱 시 고려할 점은 다음과 같습니다.

- 배당 성향의 변화: 배당금을 줄이거나 중단하는 기업이 있을 수 있습니다. 이를 확인하고, 배당 성향이 높은 기업으로 대체할 필요가 있습니다.
- 기업 성장성: 배당주가 과도한 부채를 지고 있거나 성장이 둔화하면, 고배당주에서 성장주로 포트폴리오를 이동할 수 있습니다.
- 배당 수익률: 시장 환경에 따라 배당 수익률이 하락할 수 있습니다. 배당 수익률이 높은 ETF나 섹터별 ETF를 통해 리밸런싱 할 수 있습니다.

[리밸런싱 주기]

- 1년에 한 번 배당금 수익을 확인하고, 배당 성향이 낮거나 주가 하락이 심한 종목을 점검하여 다른 종목으로 변경하는 것이 좋습니다.
- 배당금을 재투자하는 경우, 분기별로 배당금 수익을 재투자하며 포트폴리오 성과를 추적해야 합니다.

2. ETF 리밸런싱

ETF는 여러 자산에 분산 투자하는 특성상 산업 변화나 금리 변화에 민감하게 반응할 수 있습니다. 따라서 리밸런싱 주기와 방법을 고려해야 합니다.

- 산업 섹터 비중: 특정 산업에 대한 비중이 과도해지거나, 성과가 부진해지면 섹터별 ETF나 배당 ETF를 조정해야 합니다.
- 금리 변화에 따른 ETF 리밸런싱: 금리가 상승하는 시점에는 채권 ETF보다는 금리가 상승해도 안정적인 이익을 얻을 수 있는 배당주 ETF나 고배당 ETF로 이동하는 것이 좋습니다.

[리밸런싱 주기]

- 6개월에 한 번 ETF 포트폴리오의 성과를 점검하고, 시장 상황을 반영하여 섹터나 자산군을 재조정할 수 있습니다.
- 배당 ETF의 경우, 배당금 수익을 재투자하여 성장을 도모하면서, 성

과가 부진한 ETF는 매도하고 다른 ETF로 대체하는 전략을 사용할 수 있습니다.

2.3 리밸런싱의 중요성과 장기 유지 방법

리밸런싱은 위험 관리와 수익 극대화를 위한 필수적인 전략입니다. 투자자가 리밸런싱을 통해 얻을 수 있는 이점은 다음과 같습니다.

- **위험 조정**: 리밸런싱을 통해 포트폴리오 내에서 자산 간의 비율을 조정하여, 과도한 리스크를 피하고 안정적인 수익을 추구할 수 있습니다.
- **기회 포착**: 시장 변화에 민감하게 대응하며, 성과가 좋은 자산에 비중을 늘려서 장기적인 수익률을 극대화할 수 있습니다.
- **배당 재투자**: 배당금을 재투자하면 복리 효과를 극대화할 수 있으며, 이를 통해 시간이 지날수록 투자 자산이 증가하는 효과를 볼 수 있습니다.

[장기 유지 방법]

- **분기마다 배당주와 ETF의 실적 점검**: 주식이나 ETF의 실적이 부진하거나, 배당금이 감소하는 경우 다른 자산으로 교체하는 것이 필요합니다.

- **정기적인 포트폴리오 점검**: 6개월 또는 1년에 한 번 포트폴리오의 전체 구성을 점검하고, 성과가 좋지 않거나 시장 환경에 맞지 않는 자산은 매도하고 새로운 자산으로 대체합니다.
- **복리 효과 활용**: 배당금은 가능한 한 재투자하여 장기적인 복리 효과를 누리고, 고수익을 추구할 수 있습니다.

네이르의 투자 노트

리밸런싱은 배당주와 ETF 투자에서 핵심 전략입니다.

시장 변화나 금리 변동에 따라 자산 비중을 조정함으로써, 포트폴리오의 균형을 유지하고 장기 수익을 극대화할 수 있습니다.

처음에는 약간 불안하기도 합니다. 하지만 장기적인 안목을 가지고 리밸런싱을 하다 보면 나중엔 "아! 그때 잘한 선택이구나"라는 생각이 들게 됩니다. 만약 실행에 망설임이 있다면 별도 계좌로 테스트하기를 추천합니다. 직접 해보고 결과를 비교하신다면 나중에는 스스로에게 신뢰가 생기지 않을까 합니다.

3장 ETF도 망할 수 있다

- 운용사 파산 시 대응법

ETF는 투자자에게 낮은 비용으로 분산 투자를 제공하는 효율적인 수단입니다. 하지만 상품 자체의 구조적 안정성과는 별개로, 운용사의 재무 건전성과 파산 리스크에 대한 이해는 반드시 고려되어야 할 요소입니다. 특히, 극단적인 상황에서는 투자자의 자산에 영향을 미칠 수 있기 때문에 ETF 운용사의 파산 가능성과 그에 대한 대응 전략을 사전에 숙지하는 것이 중요합니다.

3.1 ETF 운용사의 구조와 역할

ETF는 투자자의 자금을 모아 특정 지수나 자산군을 추종하는 포트폴리오를 구성하고, 이를 증권 시장에서 실시간으로 거래할 수 있게 만든 상품입니다. 이 과정에서 ETF 운용사는 중추적인 임무를 수행합니다.

[ETF 운용사의 주요 역할]

- 자산 운용: 기초 지수에 맞추어 종목을 편입하고, 정기적으로 리밸런싱합니다.
- 일상적 관리: 배당금 수령과 재투자, 회계 및 펀드 보고서 작성 등의 업무를 수행합니다.
- 유동성 관리: 시장 조성자(Market Maker)와 협력하여 ETF가 원활하게 거래되도록 유동성을 공급합니다.

ETF 구조상, 투자자의 자산은 운용사의 자산과 별도로 수탁기관(커스터디)에 보관되기 때문에 법적으로 보호받는 형태를 갖습니다. 하지만 이는 파산 시 완전한 면책을 보장하지는 않기 때문에, 아래와 같은 파산 리스크에 주의가 필요합니다.

3.2 운용사 파산 시 발생할 수 있는 리스크

ETF는 구조적으로 비교적 안전한 투자 수단입니다. 그러나 운용사가 파산하는 상황에서는 다음과 같은 리스크가 현실화될 수 있습니다.

[ETF 청산 및 상장 폐지 가능성]

- 운용사의 기능이 마비되면 해당 ETF는 더 이상 운용이 불가능해집

니다.
- 이에 따라 ETF가 상장 폐지되거나 강제 청산되는 사태가 발생할 수 있습니다.
- 청산 시, 보유 자산은 시장가에 매각되며 시장이 급변할 경우 손실이 발생할 수 있습니다.

[기초자산 접근 지연]
- 자산이 수탁기관에 보관되어 있더라도, 운용사의 파산으로 인해 실질적인 접근과 환매에 지연이 발생할 수 있습니다.
- 특히 파생상품 기반 ETF의 경우 구조가 복잡해 문제가 더 심각하게 나타날 수 있습니다.

[거래 중단 및 환매 지연]
- 유동성이 낮은 ETF일수록 거래 중단 시 타격이 큽니다.
- ETF가 일시적으로 거래 정지되거나, 환매가 지연되는 사태가 불가피했습니다.

3.3 ETF 운용사 재무 건전성 평가 기준

ETF 선택 시에는 상품 자체뿐 아니라 운용사의 신용도와 재무 건전성을 함께 평가해야 합니다.

평가 시 참고할 수 있는 핵심 지표

평가 요소	설명
운용사 신용등급	S&P, Moody's 등 신용평가 기관의 등급 확인 (AA 이상 권장)
운용자산(AUM)	규모가 클수록 자금 유출이나 시장 충격에 견딜 수 있음
ETF 유동성	평균 거래량, 매수-매도 스프레드, 시장조성자 유무 확인
ETF 자산 구조	현물 기반이면 비교적 안전, 파생상품 기반은 리스크 높음

주요 글로벌 ETF 운용사 및 대표 ETF

운용사	대표 ETF	특징
BlackRock (iShares)	iShares 시리즈	세계 최대 규모, 신용등급 AA+
Vanguard	VYM	비영리 구조, 투자자 우선 철학
State Street (SPDR)	SPYD	안정적인 배당 ETF 운영
Charles Schwab	SCHD	수수료 저렴, 장기 수익률 우수
JPMorgan	JEPI	커버드콜 전략 활용 ETF 운용

3.4 운용사 파산 리스크 대응 전략

운용사 리스크는 전적으로 피할 수는 없지만, 다음과 같은 선제적 전략을 통해 리스크를 최소화할 수 있습니다.

파산 리스크 대응 전략

전략	설명
대형 운용사 ETF 선택	신뢰도 높은 운용사, AUM 10억 달러 이상 상품
현물 기반 ETF 우선	주식·채권 직접 보유로 안전성 ↑ (예: SCHD, VYM, SPYD)
청산 위험 높은 ETF 피하기	AUM 1억 달러 미만, 거래량 5만 주 미만, 3년 미만 ETF는 주의
분산 투자	하나의 ETF에 집중하지 않고 복수 ETF 조합 (국가 분산 포함)
정기 모니터링 및 전문가 상담	뉴스, 공시, 분석 보고서 수시 확인 및 전문가와 점검

3.5 ETF 운용사 파산 사례 분석

[Lehman Brothers (2008)]

- 글로벌 금융위기 당시 파산한 대형 투자은행
- 다양한 금융 상품과 ETF 운용 중이었으며, 파산으로 인해 투자자들은 거래 지연과 심리적 충격을 경험했습니다.
- 자산은 수탁기관을 통해 보호되었지만, ETF 일부는 전환 또는 청산되었습니다.

[Direxion (2013)]

- 레버리지 및 인버스 ETF 전문 운용사
- 고위험 구조로 인해 급격한 자산 손실이 발생했고, 일부 ETF는 청산

위기에 직면했습니다.

- 이후 상품 구조 개편과 리스크 관리 체계 강화가 이뤄졌습니다.

3.6 대체 전략: ETF 외의 대안 고려

[직접 배당주 투자]

ETF를 거치지 않고 개별 배당주에 직접 투자하면 운용사 리스크에서 자유로울 수 있습니다.

[뮤추얼 펀드 활용]

능동적으로 운용되는 펀드는 ETF보다 비싸지만, 위기 상황에서 유연하게 대처할 수 있습니다.

[동일 지수 ETF 교체]

동일한 지수를 추종하는 다른 운용사의 ETF로 전환해 리스크를 분산할 수 있습니다.

> 예)
> SCHD ↔ VIG, VYM ↔ HDV

네이르의 투자 노트

　ETF는 구조적으로 안전하지만, 운용사 리스크는 배제할 수 없습니다. 따라서 대형 운용사 선택, 분산 투자, 현물 ETF 중심 구성 등으로 대비해야 합니다.

　예전에 국내 주식으로 상장 폐지를 당해본 적은 있어도, ETF로 상장 폐지를 당해 본 적은 없습니다. 그래도 조심해서 나쁠 건 없다고 생각합니다. 그렇기에 대중적으로 잘 알려지고, 운영사는 믿을만하고, 시가총액은 높은 ETF를 골라야 하는 이유이기도 합니다.

 4장 배당 투자의 미래와 전략 수립

배당 투자는 단순히 배당금을 받는 것 이상의 의미를 가집니다. 장기적인 시각에서 보면 경제적 자유를 달성하는 강력한 도구가 될 수 있습니다.

4.1 미국 배당주 시장의 미래 전망

배당주 시장은 경제 변화, 금리 환경, 기업 수익성 등에 따라 지속적으로 변화합니다. 미래 배당주 시장을 전망하기 위해 다음과 같은 요소를 살펴볼 필요가 있습니다.

1. 인플레이션과 금리 변화에 따른 배당주 영향

[금리 상승기]
- 금리가 상승하면 채권 수익률이 높아지면서 고배당주의 상대적인 매력이 낮아질 가능성 있음
- 하지만 배당 성장주(SCHD, VIG)는 금리 영향을 덜 받음

[금리 하락기]
- 금리가 낮아지면 배당주가 다시 주목받으며, 고배당 ETF (SPYD, VYM, JEPI) 수익률 상승 가능
- 특히, 고배당주들은 주식시장 침체기에도 일정한 현금흐름을 제공하여 방어적 투자 전략으로 활용 가능

[인플레이션 시기]
- 기업들이 원자재·인건비 상승을 가격에 반영할 수 있는 경우, 배당 성장주가 더 유리
- 에너지·소재·필수 소비재 기업(ExxonMobil, Coca-Cola, P&G 등)이 강세

2. 미국 배당주의 성장성과 안정성

[미국 배당주 시장의 특징]
- 미국 기업들은 주주 환원 정책이 강력함 (S&P 500 기업의 80%

이상 배당 지급)
- 배당 성장주(Dividend Growth Stocks)는 장기적으로 시장 평균을 초과하는 성과 기록

[미래 유망한 배당주 섹터]

- 테크 배당주(MSFT, AAPL, AVGO)
  고성장 + 배당 성장이 동시에 가능한 대표 섹터
- 헬스케어 배당주(JNJ, ABBV, PFE)
  경기 방어적 특성이 강해 불황에도 강함
- 에너지 배당주(XOM, CVX)
  인플레이션 대비 및 원자재 상승 수혜
- 고배당 금융주(JPM, GS, WFC)
  금리 환경 변화에 따라 은행·보험주 주목

대표적인 배당 성장주 및 고배당 ETF

유형	대표 종목/ETF	특징
배당 성장주	MSFT, AAPL, JNJ, KO	지속적인 배당 성장
고배당 ETF	SCHD, VYM, SPYD, JEPI	안정적인 현금흐름 제공

4.2 나만의 배당 투자 전략 수립하기

자신의 투자 성향과 목표에 맞춰 배당 포트폴리오를 구성하는 것이 중요합니다.

| 투자 성향별 배당 포트폴리오 예제 |

① 안정형 포트폴리오 (저위험, 꾸준한 배당 수익 목표)

자산 유형	투자 비율	대표 상품
배당 성장주	40%	JNJ, MSFT, KO
고배당 ETF	40%	SCHD, VYM
채권 ETF	20%	BND, AGG

② 성장형 포트폴리오 (배당 성장 + 자본 이득 목표)

자산 유형	투자 비율	대표 상품
배당 성장주	50%	AAPL, AVGO, HD
배당 ETF	30%	SCHD, VIG
고배당 ETF	20%	JEPI, SPYD

③ 고수익형 포트폴리오 (배당 소득 극대화 목표)

자산 유형	투자 비율	대표 상품
고배당주	30%	MO, PM, T
고배당 ETF	50%	JEPI, QYLD
대체투자	20%	REITs, BDC

4.3 장기적 관점에서 배당 투자 마인드셋

배당 투자는 단기간의 수익이 아닌 장기적인 복리 효과를 목표로 해야 합니다.

① 시장 변동성에 흔들리지 않는 장기 투자 원칙
- 배당주·배당 ETF는 일시적인 조정이 있어도 꾸준한 수익을 창출
- 주가 하락 시 추가 매수 전략 활용 (Dollar Cost Averaging)

② 배당 재투자의 중요성
- 배당금을 다시 투자하여 복리 효과 극대화
- "배당 귀족(Dividend Aristocrats)" 기업들처럼 꾸준한 배당 성장 가능성

③ 배당 투자와 경제적 자유 실현
- 5년/10년/20년 계획을 세워 경제적 독립(FIRE)을 목표로 설정

> 예)
> - 5년: 월 30만 원 배당 소득
> - 10년: 월 100만 원 배당 소득
> - 20년: 월 500만 원 배당 소득으로 조기 은퇴

네이르의 투자 노트

배당 투자의 본질은 "꾸준함"입니다.

처음 배당 투자를 시작했을 때, 저는 언제쯤 "눈에 보이는 결과"가 나올지 자주 생각했습니다. 하지만 시간이 흐르고 나서야 배당의 진짜 가치는 지금이 아니라, 쌓이는 시간 속에 있다는 걸 알게 되었습니다.

미국 배당 시장은 여전히 성장 중입니다. 그 속에서 많은 투자자들이 복리의 힘을 믿고, 재투자를 반복하며 자신만의 현금흐름을 만들어가고 있습니다.

배당은 성급한 사람에게 보상을 주지 않습니다. 자신의 투자 목표를 정확히 알고, 리스크를 감당할 수 있는 구조를 세운 사람에게만 그 결실을 내주는 것 같습니다..

6부

20년 후를 설계하는 장기 배당 시뮬레이션

1장 시뮬레이션 전략 수립

배당과 성장은 투자자의 관점에서 때로는 상충하는 목표처럼 보입니다. 그러나 장기적인 시계에서 이 둘을 유기적으로 결합하면, 시장의 성장성과 꾸준한 현금흐름을 동시에 누릴 수 있습니다.

이 장에서는 앞서 소개한 다양한 ETF의 특성과 배당 전략을 바탕으로, 10년 동안 실제 적용 가능한 복합형 배당·성장 통합 전략을 설계하고자 합니다.

본 전략은 단기 수익을 노리는 것이 아니라, 배당 재투자와 자산 성장의 복리 효과를 극대화하여 장기적으로 안정적인 부의 축적을 목표로 합니다.

1.1 전략 개요

- 투자 금액: 1억 원 (거치식)
- 운용 기간: 10년
- 전제 조건: 모든 배당금은 동일 ETF로 자동 재투자
- 목표: 복리 수익 극대화 + 배당 흐름 확보 + 성장성 추구

1.2 포트폴리오 구성

ETF	투자 비중	배당 수익률	배당 성장률	자본 성장률	특성 요약
SCHD	30%	3.5%	8%	8%	우량주 기반 배당 성장 ETF
JEPQ	30%	11%	0%	8%	커버드콜 기반 고배당 ETF
QLD	30%	0%	–	12%	나스닥 2배 레버리지 성장 ETF
SGOV	10%	5%	0%	0%	미국 단기 국채 기반 안정형 ETF

인컴 + 성장 + 방어 기능을 균형 있게 배치한 설계

1.3 10년간 시뮬레이션 결과

총자산 성장 추이

연차(년)	총 자산가치 (원)	
1	113,598,000	
2	129,045,056	
3	146,592,603	특성총수익률 : +258%
4	166,526,265	
5	189,170,506	연평균 복리 수익률(CAGR) : 약 13.7%
6	214,893,912	
7	244,115,186	총 배당 재투자 금액 : 약 111,880,000원
8	277,309,969	
9	315,018,579	
10	357,854,805	

1.4. ETF 별 상세 분석

	SCHD(30%)	JEPQ(30%)	QLD(30%)	SGOV(10%)
초기 투자금	3,000만 원	3,000만 원	3,000만 원	1,000만 원
10년 후 평가액	91,361,308원	183,902,908원	93,175,446원	16,288,946원
배당 수익률%	3.5%	11%	12% (자본성장률)	5%
배당 성장률%	8%	–	–	–
누적 배당금 재 투자액	약 17,986,142원	약 87,313,545원		약 6,588,942원
연차별 예상 배당금 (재투자 포함)				
1년	1,050,000원	3,300,000원	–	500,000원
5년	1,639,252원	6,815,550원		607,753원
10년	2,860,660원	16,874,641원		775,664원

1.5. 전략 비교

전략 유형	구성 예시	장점	단점
고배당 집중형	JEPQ 100%	인컴 극대화	자본 성장성 부족
성장 집중형	QLD 100%	빠른 자산 확장	배당 수익 전무, 고변동성
전통 배당형	SCHD 100%	안정성 + 배당 성장	수익률 한계 존재
복합 균형형	SCHD+JEPQ +QLD+SGOV 혼합	배당 + 성장 + 안정성의 조화	운용 복잡성 소폭 증가

1.6. 리밸런싱 기준

이 전략은 기본적으로 장기 보유와 자동 재투자를 전제로 하지만, 일정 조건에서는 포트폴리오의 균형을 재조정할 필요가 있습니다.

- 특정 ETF가 전체 자산의 ±10% 이상 비중 차지 시
- 특정 ETF의 배당 정책 변화 또는 구조 조정 시
- 금리 환경 변화로 인한 SGOV 리스크 조정 필요 시
- 권장 점검 주기: 반기마다 정기 점검 후 필요시 리밸런싱

1.7. 리스크 분석

리스크 요소	설명	대응 전략
고변동성	QLD, JEPQ의 시장 변동성 큼	SGOV로 일부 방어, 비중 분산
배당 변동성	JEPQ는 배당 수익률이 시장 상황 따라 달라질 수 있음	SCHD의 안정성으로 보완
금리 리스크	금리 하락 시 SGOV 수익률 감소	SGOV 비중을 10%로 제한
레버리지 리스크	QLD는 하락장에서 손실 확대	QLD 단독이 아닌 혼합 구성으로 대응

| 핵심 요약: 10년 복합 전략 |

- 총 투자금: 1억 원
- 10년 후 자산가치: 약 3억 5,785만 원
- 연평균 수익률(CAGR): 13.7%
- 총 배당금 재투자 금액: 약 1억 1천만 원

[구성 ETF]

  − SCHD 30% (배당 성장형)

  − JEPQ 30% (고배당형)

  − QLD 30% (성장형)

  − SGOV 10% (안정형)

- 전략 특징: 배당 + 성장 + 방어의 복합 설계
- 권장 리밸런싱: 2~3년마다 점검

이 전략은 단순히 높은 수익률을 추구하는 것을 넘어, 투자자의 심리적 안정감과 실제 재무 흐름을 고려한 현실적인 복리 시스템입니다.
ETF를 통해 배당과 성장을 동시에 추구할 수 있다는 점에서, 이 전략은 미국 배당 투자의 실전 완성편으로 자리매김할 수 있습니다.

 SCHD 20년 장기 수익 분석

[시뮬레이션]

2.1 투자 조건

- 초기 투자금: 5,000만 원 (거치식 투자)
- 투자 기간: 20년
- 연평균 주가 성장률: 8%
- 연평균 배당 수익률: 3.5%
- 연평균 배당 성장률: 8%
- 배당금 재투자: 포함
- 물가상승률: 반영하지 않음 (명목 수익 기준)

2.2 연차별 시뮬레이션 결과 요약

연차(년)	자산가치(원)	연간 배당금(원)	월평균 배당금(원)
1	57,250,000	1,750,000	145,833
2	65,148,000	2,058,000	171,500
3	74,085,000	2,420,000	201,667
4	84,314,000	2,849,000	237,417
5	96,126,000	3,357,000	279,750
6	109,858,000	3,960,000	330,000
7	125,901,000	4,678,000	389,833
8	144,715,000	5,534,000	461,167
9	166,834,000	6,556,000	546,333
10	192,884,000	7,778,000	648,167
11	223,595,000	9,239,000	769,917
12	259,820,000	10,986,000	915,500
13	302,567,000	13,075,000	1,089,583
14	352,995,000	15,573,000	1,297,750
15	412,460,000	18,558,000	1,546,500
16	482,531,000	22,124,000	1,843,667
17	565,019,000	26,388,000	2,199,000
18	661,992,000	31,493,000	2,624,417
19	775,836,000	37,605,000	3,133,750
20	909,296,000	44,917,000	3,743,083

2.3 분석 요약

20년 후 총 자산가치는 약 9억 930만 원으로 증가하며, 이는 초기 투자금의 18배 이상입니다.

- 연간 배당금은 첫 해 약 175만 원에서 시작해, 20년 후 약 4,491만 원까지 성장.
- 월평균 배당금은 약 374만 원으로, 은퇴 후 현금흐름 창출 수단으로서 매우 강력.

배당 성장률을 감안한 장기 복리 재투자 전략은 단순 배당 수익률보다 훨씬 더 강력한 자산 증가 효과를 가져오게 됩니다.

SCHD는 성장성과 배당의 균형을 추구하는 ETF로서, 장기 투자자에게 이상적인 핵심 ETF 중 하나임을 입증합니다.

3장 JEPQ 20년 장기 수익 분석

[시뮬레이션]

3.1 투자 조건

- 초기 투자금: 5,000만 원 (거치식 투자)
- 투자 기간: 20년
- 연평균 주가 성장률: 8%
- 연평균 배당 수익률: 9%
- 배당금 재투자: 포함
- 물가상승률: 반영하지 않음 (명목 기준)
- 배당 성장률: 별도로 반영하지 않음 (수익률 고정)

3.2 연차별 시뮬레이션 결과 요약

연차 (년)	자산가치(원)	연간 배당금(원)	월평균 배당금(원)
1	59,500,000	4,500,000	375,000
2	69,040,000	5,355,000	446,250
3	80,138,000	6,214,000	517,833
4	93,050,000	7,212,000	601,000
5	108,084,000	8,375,000	697,917
6	125,602,000	9,728,000	810,667
7	146,034,000	11,304,000	942,000
8	169,889,000	13,134,000	1,094,500
9	197,769,000	15,237,000	1,269,750
10	230,389,000	17,582,000	1,465,167
11	268,591,000	20,268,000	1,689,000
12	313,380,000	23,361,000	1,946,750
13	365,945,000	26,987,000	2,248,917
14	427,691,000	31,154,000	2,596,167
15	500,256,000	35,966,000	2,997,167
16	585,557,000	41,441,000	3,453,417
17	685,846,000	47,657,000	3,971,417
18	803,770,000	54,735,000	4,561,250
19	942,435,000	62,675,000	5,222,917
20	1,105,467,000	71,558,000	5,963,167

3.3 분석 요약

- 20년 후 총 자산가치는 약 11억 550만 원, 초기 자본의 22배 이상 성장.

- 연간 배당금은 첫해 약 450만 원에서 출발하여, 20년 후 7,155만 원까지 증가.
- 월평균 배당금은 약 596만 원 수준으로, 실질적인 생활비 보전 효과 있음.
- JEPQ는 커버드콜 전략과 기술 성장주 중심 배당 포커스를 갖춘 상품으로, 높은 배당과 성장률이 복합적으로 작용해 매우 강한 자산 증가를 보여줌.
- 단, 시장 변동성이 클 때 수익률 변동도 클 수 있음에 유의해야 함.

4장 [비교분석] SCHD vs JEPQ

- 장기 수익률 비교

구분	SCHD	JEPQ
초기 투자금	5,000만 원	5,000만 원
투자 방식	거치식	거치식
투자 기간	20년	20년
연평균 주가 성장률	8%	8%
연평균 배당 수익률	3.5%	9%
배당 성장률	8%	0% (고정 수익률로 가정)
배당금 재투자	포함	포함
최종 자산가치	909,296,000 원	1,105,467,000 원
20년 후 연간 배당금	44,917,000 원	71,558,000 원
20년 후 월배당	약 374만 원	약 596만 원

4.1 투자 전략적 해석

1. 성장성과 안정성의 균형: SCHD

SCHD는 미국 고배당 성장주의 대표 ETF로, 연평균 배당 성장률 8%

를 반영했을 때 장기적으로 자산과 배당 모두 안정적으로 상승하는 모습을 보여줍니다.

비교적 시장 변동성에 강하고, 꾸준한 현금흐름 확보에 유리하여 퇴직연금, 장기 자산 축적용으로 매우 적합합니다.

배당금은 처음에는 낮지만, 시간이 갈수록 가파르게 성장하며, 복리 효과가 뚜렷하게 나타납니다.

2. 고수익·고위험 커버드콜 전략: JEPQ

JEPQ는 커버드콜 전략을 활용한 나스닥 기반 배당 ETF로, 초기부터 높은 배당 수익률(9%)이 강점입니다.

배당 성장률은 없지만 높은 고정 수익률과 자산 재투자를 통한 빠른 복리 효과 확대가 가능합니다.

시장이 우상향하는 기간에는 매우 강력한 성과를 보이지만, 급격한 기술주 조정기에는 하방 리스크가 클 수 있음에 유의해야 합니다.

결론 및 투자 포인트

전략 방향	핵심 포인트
안정적 복리 성장	SCHD: 안정적인 주가 성장 + 배당 증가 ⋯▶ 복합 복리 효과 극대화
현금흐름 중심 전략	JEPQ: 초기부터 높은 배당 수익 ⋯▶ 빠른 재투자 사이클 및 유동성 확보
조합 전략 가능성	두 ETF를 혼합해 배당 안정성과 수익률을 동시에 추구하는 것도 가능

5장 SCHD + DRIP 시뮬레이션

[재투자 전략]

5.1 투자 조건

- 초기 투자금: 2억 원
- 투자 방식: 거치식
- 투자 기간: 20년
- 연평균 주가 성장률: 8%
- 연평균 배당 수익률: 3.5%
- 연 배당 성장률: 8%
- 배당금 재투자: 포함
- 물가상승률: 반영 안 함 (명목 기준)

5.2 연차별 시뮬레이션 결과 요약

연차(년)	자산가치(원)	연간 배당금(원)	월평균 배당금(원)
1	216,504,000	7,000,000	583,333
2	236,884,320	7,560,000	630,000
3	259,239,066	8,164,800	680,400
4	283,697,412	8,817,984	734,832
5	310,399,208	9,523,423	793,619
6	339,494,697	10,285,297	857,108
7	371,145,273	11,108,121	925,677
8	405,524,495	11,996,771	999,731
9	442,819,194	12,956,513	1,079,709
10	483,230,771	13,993,034	1,166,086
11	526,976,550	15,112,477	1,259,373
12	574,290,274	16,321,475	1,360,123
13	625,423,697	17,627,193	1,468,933
14	680,646,574	19,037,369	1,586,447
15	740,247,800	20,560,360	1,713,363
16	804,536,781	22,205,190	1,850,433
17	873,844,237	23,981,464	1,998,455
18	948,523,281	25,899,108	2,158,259
19	1,028,950,144	27,968,643	2,330,720
20	1,115,526,565	30,201,134	2,516,761

5.3 분석 요약

- 20년 후 총 자산가치: 약 11.15억 원
- 20년 후 연간 배당금: 3,020만 원

- **월평균 배당금**: 약 251만 원 수준

투자금이 4배로 늘어난 만큼, 자산과 배당도 거의 4배 가까운 확장을 보여줍니다.

복리 재투자의 위력이 장기에서 매우 크게 작용하며, 연평균 8% 주가 상승과 배당 성장률이 상승 가속도를 제공합니다.

JEPQ 투자, 배당금은 SCHD 재투자

[복합전략]

6.1 투자 조건

1. JEPQ (현금흐름용)

- 초기 투자: 2억 원 (거치식)
- 연평균 주가 성장률: 8%
- 연평균 배당 수익률: 9% (고정)
- 배당금은 전부 SCHD에 재투자
- JEPQ 자산 자체는 재투자 X

2. SCHD (재투자 수익형)

- 매년 JEPQ에서 받은 배당금을 해당 연도 말에 일시 투자
- 연평균 주가 성장률: 8%
- 연평균 배당 수익률: 3.5%

- 연평균 배당 성장률: 8%
- 배당금은 모두 SCHD 내에서 재투자

6.2 연차별 시뮬레이션 결과 요약

연차 (년)	JEPQ 연 배당금 (원)	누적 SCHD 투자액 (원)	SCHD 자산가치 (원)	SCHD 연 배당금 (원)	총 자산 (JEPQ + SCHD)
1	18,000,000	18,000,000	19,440,000	630,000	219,440,000
2	19,440,000	37,440,000	41,066,880	1,331,212	241,066,880
3	20,995,200	58,435,200	65,302,178	2,133,922	265,302,178
4	22,674,816	81,110,016	92,461,056	3,052,065	292,461,056
5	24,488,801	105,598,817	122,890,124	4,100,565	322,890,124
6	26,447,905	132,046,722	156,967,112	5,295,771	356,967,112
7	28,563,738	160,610,460	195,103,910	6,655,999	395,103,910
8	30,849,838	191,460,298	237,751,662	8,201,309	437,751,662
9	33,328,825	224,789,123	285,405,957	9,953,649	485,405,957
10	36,028,132	260,817,255	338,611,329	11,937,896	538,611,329
11	38,970,382	299,787,637	397,964,875	14,181,770	597,964,875
12	42,178,013	341,965,650	464,121,281	16,716,798	664,121,281
13	45,673,254	387,638,905	537,799,293	19,578,218	737,799,293
14	49,480,115	437,119,020	619,786,819	22,805,021	819,786,819
15	53,623,724	490,742,744	710,946,853	26,440,162	910,946,853
16	58,130,622	548,873,366	812,224,591	30,530,932	1,012,224,591
17	63,028,272	611,901,638	924,648,274	35,129,244	1,124,648,274
18	68,345,533	680,247,172	1,049,334,380	40,292,054	1,249,334,380
19	74,113,176	754,360,348	1,187,493,949	46,081,645	1,387,493,949
20	80,364,230	834,724,578	1,340,436,547	52,566,503	1,540,436,547

6.3 결과 요약

항목	결과
20년 후 총 자산	약 15.4억 원
JEPQ 보유가치	약 8억 원 (8% 성장 반영)
SCHD 자산가치	약 13.4억 원
SCHD 연간 배당금	약 5,256만 원
총 배당 누적 투자액	약 8.34억 원

6.4 투자 전략적 해석

- JEPQ는 고배당으로 유동성을 공급.
- SCHD는 성장형으로 복리 누적.
  ⋯▸ 두 상품이 각자의 역할을 하며 포트폴리오 전체의 구조적 균형을 이룹니다.
- SCHD 단독 투자보다 배당 수익이 늦게 커지지만, 복리 성장성은 여전히 매우 강력하게 작용합니다.
- 이중 복리 구조
  초기엔 JEPQ 배당으로 자금 유입, 이후엔 SCHD 자체 배당 재투자로 복리 효과 가속.

7장 SCHD 투자, 배당금은 JEPQ 재투자

[복합전략]

7.1 투자 조건

1. SCHD 초기 투자: 2억 원 (거치식, 20년 보유)

- 연평균 주가 상승률: 8%
- 연평균 배당 수익률: 3.5%
- 연 배당 성장률: 8%
- 배당금은 전부 JEPQ 매수에 사용 (연 1회 투자, 복리 계산)

2. JEPQ 조건

- 투자 방식: 매년 SCHD에서 나온 배당금으로 신규 매수
- 연평균 주가 상승률: 8%
- 연평균 배당 수익률: 9%
- 배당금은 재투자함

- 배당 성장률 없음 (고정 수익률)

7.2 연차별 시뮬레이션 결과 요약

연차 (년)	SCHD 자산가치	SCHD 연 배당금	누적 JEPQ 투자금	JEPQ 자산가치	전체 합산 자산
1	216,504,000	7,000,000	7,000,000	7,000,000	223,504,000
5	310,399,208	9,523,423	41,497,133	49,056,030	359,455,238
10	483,230,771	13,993,034	108,168,893	148,456,916	631,687,687
15	740,247,800	20,560,360	216,889,071	348,087,005	1,088,334,805
20	1,115,526,565	30,201,134	375,881,897	703,832,495	1,819,359,060

| 20년 후 결과 정리 |

- SCHD 자산가치: 약 11.15억 원
- SCHD 배당금 누적 투자된 JEPQ 자산가치: 약 7.03억 원
- 총 자산합계: 18.19억 원
- 총 JEPQ에서 나오는 연간 배당금: 약 6,334만 원

 (JEPQ 최종 자산 × 9%)

7.3 전략적 해석

구분	해석
장점	• SCHD는 배당 성장이 크고 안정적임 　⋯▶ 지속적으로 늘어나는 현금흐름 창출 • JEPQ는 높은 배당률로 배당금 재투자 시 강력한 복리 효과 • 복합 구조를 활용한 이중 성장 엔진 전략
관리	• JEPQ는 나스닥 기반으로 변동성이 큼 　⋯▶ 초기에는 비중이 작아 리스크 분산 효과 있음 • SCHD의 배당 성장률이 낮아지면 JEPQ 투자 여력도 줄어듬
현금흐름 활용	• SCHD는 자산 성장 + 배당금 증가 • JEPQ는 현금흐름 극대화 　⋯▶ 장기적으로 은퇴 후 생활비 또는 추가 투자재원 확보에 적합

부록

고급 투자자를 위한 실전 도구

고급 투자자를 위한 실전 도구

　ETF 투자의 진짜 강점은 바로 다양한 유형의 전략적 결합에 있습니다.
　배당 성장을 노리는 ETF, 글로벌 분산을 위한 ETF, 안정적 현금흐름을 만들어주는 채권 ETF, 그리고 실물자산에 투자하는 리츠 ETF에 대해 분석해 보고자 합니다.
　모든 상품을 이해하고 조화롭게 포트폴리오를 구성하는 것이 진정한 장기 투자자의 길이며, 나아가 '배당과 함께하는 시간의 동행'을 실현하는 실전 전략입니다.

1. 배당 성장 & 고배당 ETF (주식 기반)

주요 ETF: VIG / SCHD / VYM / JEPI / JEPQ / DGRO / SDY

ETF	성격	특징 요약
VIG	배당 성장형	안정적인 대형 우량주 위주, 배당 성장주 중심, 변동성 낮음
SCHD	고배당 성장형	퀄리티 필터 + 배당 수익률, 성장성과 안정성 균형
VYM	고배당형	배당 수익률 중시, 대형 가치주 중심, 분산 우수
JEPI	커버드콜 고배당	배당 수익률 매우 높음 (6~10%), 변동성 낮고 방어적 성격
JEPQ	성장+커버드콜	QQQ 스타일 성장주 + 옵션 수익, 변동성 낮추고 배당 확보
DGRO	배당 성장형	배당 성장 지속 기업 위주, 배당과 성장이 조화된 구조
SDY	배당 귀족형	20년 이상 배당 증가 기업으로 구성, 보수적이고 안정적인 접근법

주요 ETF 비교표 (2024년 말 기준)

항목	VIG	SCHD	VYM	JEPI	JEPQ	DGRO	SDY
배당 수익률	1.9%	3.4%	3.2%	10.1%	11.5%	2.1%	2.9%
5년 총수익률	+52%	+63%	+48%	+42%	+71%	+56%	+37%
연평균 성장률	8.7%	10.2%	8.3%	6.2%	11.3%	9.1%	6.9%
전략 성격	배당 성장	배당 성장 + 가치	고배당	커버드콜 (방어형)	커버드콜 (성장형)	배당 성장 + 성장주	고배당 + 배당 지속력
운용 수수료 (Expense Ratio)	0.06%	0.06%	0.06%	0.35%	0.35%	0.08%	0.35%
구성 종목 수	약 300	약 100	약 400	약 100	약 100	약 400	약 120
배당 지급 빈도	분기	분기	분기	월	월	분기	분기
리스크 수준	낮음	중간	낮음	중간~높음	높음	낮음	중간
운용사	Vanguard	Schwab	Vanguard	JPMorgan	JPMorgan	iShares	S&P SPDR

출처: ETF.com, Yahoo Finance, Seeking Alpha 기준 (2024.12.)

요약)

- 배당 수익을 중시하는 투자자에게 적합
- JEPI/JEPQ는 고배당 + 커버드콜로 인컴 중심
- VIG/SCHD/DGRO는 성장성과 배당을 동시에 고려
- SDY는 보수적인 장기 배당 성향의 투자자에게 어울림

2. 글로벌/해외 주식 ETF (지역 분산)

주요 ETF: VEA / IEMG / VXUS

ETF	성격	특징 요약
VEA	선진국 주식	유럽/일본/호주 등 미국 제외 선진국 중심의 대형주, 환 노출 있음
IEMG	신흥국 주식	중국, 인도, 브라질 등 신흥시장 중심, 성장성은 높지만, 변동성 큼
VXUS	전세계 (미국 제외)	선진국 + 신흥국 통합형, 가장 광범위한 글로벌 분산 효과

요약)

- 미국 중심 포트폴리오에 해외 주식 분산 효과 제공
- VEA는 선진국 중심, IEMG은 성장성 높은 신흥국, VXUS는 가장 포괄적 분산

3. 채권 ETF (안전자산 및 인컴 중심)

주요 ETF: BND / BNDX / TLT / TLTW / BIL / SGOV

ETF	성격	특징 요약
BND	미국 총괄 채권시장	미국 투자등급 국채, 회사채 혼합, 전체 채권시장 대표 상품
BNDX	미국 제외 선진국 채권	유럽·일본 중심의 선진국 채권, 환헤지 적용
TLTW	장기 국채 커버드콜	20년 이상 만기 장기 채권, 금리 민감도 매우 높음 커버드콜 전략 변동성 일부를 완충
TLT	장기 국채	20년 이상 만기 장기 채권, 금리 민감도 매우 높음
SGOV	초단기 국채 (현금 대용)	0~3개월 미국 국채, 안정성 최고

요약)

- 시장 방어 전략 또는 현금 대기자금 운용에 적합
- BND/AGG는 기본 포트의 안정 자산
- TLT/TLTW는 장기 금리 베팅, 변동성 큼
- SGOV는 현금성 자산으로 유동성 확보에 최적

4. 섹터 ETF (부동산)

주요 ETF: VNQ, RWR

ETF	성격	특징 요약
VNQ	미국 전반의 상장 리츠 (REITs)	미국 부동산 리츠 중심, 임대수익 기반 배당 수익, 인플레이션 헤지 효과
RWR	S&P 500 리츠 기반	S&P 500 리츠 기반, 대형 REIT 중심고

요약)
- 자산군 다변화 목적의 투자자에게 유리
- 배당 수익률 높고, 실물자산에 연동된 안정성 있는 인컴 자산
- 금리 민감도 있음 ⋯▶ 금리 상승기에는 변동성 확대될 수 있음

5. 종합 요약 테이블

분류	대표 ETF	주요 특징 요약
배당 ETF	VIG, SCHD, VYM, DGRO, JEPI, JEPQ, SDY	배당 성장/고배당/커버드콜 다양, 중장기 인컴 전략에 최적
글로벌 주식	VEA, IEMG, VXUS	지역 다변화 목적, 미국 외 투자, 선진국 vs 신흥국 분산 가능
채권 ETF	BND, BNDX, TLTW, TLT, SGOV	포트폴리오 안정화, 금리 민감도 고려, 현금성·장기채 다양하게 활용 가능
섹터 ETF (리츠)	VNQ, RWR	부동산 기반 인컴 수익, 인플레 헤지 자산, 고배당 성격

VIG ETF 분석
Vanguard Dividend Appreciation ETF

개별 ETF 분석

1. 개요

- **운용사**: Vanguard
- **설립일**: 2006년 4월 21일
- **운용 수수료(Expense Ratio)**: 0.06%
- **벤치마크 지수**: S&P U.S. Dividend Growers Index
- **배당 빈도**: 분기 배당

VIG는 미국 배당 성장주의 대표 ETF로, 배당금을 10년 이상 연속적으로 인상한 기업들만을 편입하는 전략을 따릅니다. 단순히 배당 수익률이 높은 기업이 아닌, 지속 가능한 배당 성장력에 집중하는 것이 이 ETF의 가장 큰 특징입니다.

2. 구성 특징

항목	내용
종목 수	약 300개 기업
주요 섹터	산업재, 헬스케어, 기술, 소비재
상위 보유 종목	Microsoft, Visa, J&J, P&G 등
스타일	대형주 중심, 배당 성장 중심
평균 시가총액	약 1,400억 달러 이상

"고배당"보다는 "우량 배당 성장" 전략에 집중하는 ETF이며, 포트폴리오의 퀄리티가 매우 높음.

3. 수익률 & 배당 정보

항목	수치 (2024년 기준)
최근 배당 수익률	1.8% ~ 2.0% 수준
최근 10년 CAGR	10.8% 내외
최근 5년 평균 배당 성장률	7.8%
분기당 배당금 지급액	$0.70~$0.80 수준

VIG의 강점은 지속적이고 안정적인 배당 인상에 있다. 다만 JEPQ, JEPI 같은 고배당 ETF와 달리 배당 수익률 자체는 낮지만, 성장률은 높음.

4. 장점과 단점

항목	장점	단점
안정성	배당 인상 기업만 편입 ⋯▶ 재무 건전성 우수	경기 방어 섹터(유틸리티, 부동산 등) 비중이 낮음
성장성	배당금도 지속 성장 ⋯▶ 배당 재투자 시 복리 효과 우수	초기 배당 수익률이 낮아 단기 현금흐름은 부족
리스크	배당을 끊거나 인상 멈춘 기업 자동 제외 ⋯▶ 장기 품질 유지	고배당을 선호하는 투자자에게는 매력도 떨어질 수 있음

5. 투자자 성향별 적합도

- 장기 투자자: 매우 적합
- 배당 재투자 전략: 효과적
- 현금흐름 중심 투자자: 적합도 낮음
- 리스크 회피형 투자자: 높은 품질로 안정성 우수

6. 대표적 경쟁 ETF 비교

ETF	전략	배당 수익률	배당 성장률	주요 특징
VIG	배당 성장	1.8%	7.8%	우량주 중심, 낮은 변동성
SCHD	고품질 + 고배당	3.5%	8.0%	배당 성장과 수익률의 균형
DGRO	배당 성장 + 분산	2.3%	6.5%	VIG와 유사하나 더 분산형
JEPI	커버드콜 고배당	9~11%	0%	인컴 집중, 자본 성장 적음

부록_ 고급 투자자를 위한 실전 도구

7. 요약

VIG는 "10년 이상 배당을 증가시킨 기업들만 편입"하는 ETF로, 배당 품질과 기업 재무 건전성이 뛰어납니다.

단기 고배당을 원하는 투자자에게는 적합하지 않지만, 장기 투자 + 복리 배당 재투자 전략에서는 매우 효과적인 ETF입니다.

수수료가 낮고, 장기적으로 낮은 변동성과 견고한 수익률을 보여주며, 배당과 성장을 동시에 추구하는 이상적인 ETF 중 하나라고 볼 수 있습니다.

SCHD ETF 분석
Schwab U.S. Dividend Equity ETF

개별 ETF 분석

1. 개요

- 운용사: Charles Schwab
- 설립일: 2011년 10월 20일
- 운용 수수료(Expense Ratio): 0.06%
- 벤치마크 지수: Dow Jones U.S. Dividend 100 Index
- 배당 빈도: 분기 배당

SCHD는 미국의 우량 고배당 주식 100개에 투자하는 ETF로, 배당 수익률과 배당 성장률의 균형을 추구하는 대표 상품입니다. 단순히 배당이 높은 종목이 아니라, 재무 구조가 건실하고 수익성이 높은 기업들을 정량적으로 선별하는 점이 강점입니다.

2. 구성 특징

항목	내용
종목 수	약 100개 내외
주요 섹터	산업재, 금융, 정보기술, 소비재
상위 보유 종목	Broadcom, Home Depot, Texas Instruments 등
스타일	대형주 중심, 우량 고배당 전략
필터링 기준	배당 연속성, ROE, 부채비율, 현금흐름 등

"고배당 + 고품질 + 성장성"이라는 삼박자를 갖춘 ETF로, 실전 배당 투자에서 매우 널리 사용됨.

3. 수익률 & 배당 정보

항목	수치 (2024년 기준)
최근 배당 수익률	3.5% ~ 4.0% 수준
최근 10년 CAGR(총수익률)	12.4% 내외
최근 5년 평균 배당 성장률	8.0%
분기당 배당금 지급액	약 $0.65~$0.75

초기 배당 수익률이 높고, 동시에 배당 성장률도 높은 구조로, 배당 재투자를 할 경우 강력한 복리 효과를 기대할 수 있음.

4. 장점과 단점

항목	장점	단점
안정성	ROE/부채비율 등 재무 필터로 안정성 높은 종목만 선별	섹터별 쏠림 현상이 존재할 수 있음
성장성	배당 성장률이 높고, 주가 상승률도 양호	기술 섹터 비중이 VIG보다 낮아 장기 성장성에서 열위일 수 있음
리스크	안정적인 분기 배당 지급, 높은 분배율	일부 배당 삭감 사례가 포함되면 민감하게 반응할 수 있음

5. 투자자 성향별 적합도

- 장기 투자자: 매우 적합
- 배당 재투자 전략: 탁월함
- 현금흐름 중심 투자자: 적합 (높은 배당 수익률)
- 리스크 회피형 투자자: 재무 중심 필터로 안정성 확보

6. 대표적 경쟁 ETF 비교

ETF	전략	배당 수익률	배당 성장률	주요 특징
SCHD	고배당 + 고품질	3.5%	8.0%	재무지표 기반 필터, 집중도 높음
VIG	배당 성장 중심	1.8%	7.8%	배당 연속 증가에 집중
VYM	고배당 중심	3.2%	5.5%	배당 수익률은 높으나 성장률은 낮음
DGROI	배당 성장 + 분산	2.3%	6.5%	균형 잡힌 분산, VIG보다 유연한 구조

7. 요약

SCHD는 배당 수익률과 배당 성장률을 모두 만족시키는 대표적인 미국 배당 ETF입니다.

강력한 재무 기준을 바탕으로 한 종목 선별로, 안정성과 수익성의 균형이 뛰어나고, 분기 배당을 기반으로 한 현금흐름 확보, 복리 재투자 전략, 10년 이상 장기 투자 모두에 적합하다고 볼 수 있습니다. 따라서, 포트폴리오 내 핵심 배당 ETF로 활용 가치가 매우 높습니다.

VYM ETF 분석
Vanguard High Dividend Yield ETF

개별 ETF 분석

1. 개요

- 운용사: Vanguard
- 설립일: 2006년 11월 10일
- 운용 수수료(Expense Ratio): 0.06%
- 벤치마크 지수: FTSE High Dividend Yield Index
- 배당 빈도: 분기 배당

VYM은 배당 수익률이 높은 대형 우량주에 분산 투자하는 ETF로, 고정적인 배당 수익을 추구하는 장기 투자자에게 적합한 상품입니다. Vanguard의 철저한 저비용 운용 철학과 함께 ETF 기본기에 충실한 고배당 전략으로 높은 신뢰도를 보입니다.

2. 구성 특징

항목	내용
종목 수	약 400개 이상
주요 섹터	금융, 헬스케어, 소비재, 에너지
상위 보유 종목	J&J, Exxon Mobil, JPMorgan, P&G 등
스타일	대형 우량주, 고배당 중심
필터링 기준	고배당 수익률 중심, 안정적 배당 지급 기업 선별

광범위한 분산 투자를 통해 리스크를 줄이면서도 상대적으로 높은 배당 수익률을 제공함.

3. 수익률 & 배당 정보

항목	수치 (2024년 기준)
최근 배당 수익률	3.2% ~ 3.5% 수준
최근 10년 CAGR(총수익률)	9.7% 내외
최근 5년 평균 배당 성장률	5.5%
분기당 배당금 지급액	약 $0.80~$0.90

SCHD나 VIG에 비해 성장성은 낮지만, 초기 배당 수익률이 높아 현금흐름 중심 투자자에게는 유리한 구조임.

4. 장점과 단점

항목	장점	단점
안정성	대형 우량주 위주로 포트 구성, 높은 분산도로 리스크 완화	일부 고배당주는 경기 민감도가 높아 경기 하락 시 변동성 존재
현금흐름	배당 수익률이 높고, 지급도 안정적	배당 성장률은 SCHD, VIG보다 낮음
전략	단기/중기 인컴 전략으로도 활용 가능	기술 섹터 비중이 낮아 장기 성장 기대치는 제한적일 수 있음

5. 투자자 성향별 적합도

- 장기 투자자: 적합 (안정성 높음)
- 배당 재투자 전략: 효과적
- 현금흐름 중심 투자자: 매우 적합
- 리스크 회피형 투자자: 포트 구성상 안정성 우수

6. 대표적 경쟁 ETF 비교

ETF	전략	배당 수익률	배당 성장률	주요 특징
VYM	고배당 분산형	3.2%	5.5%	종목 수 많고, 분산도 높음
SCHD	고배당 + 고성장	3.5%	8.0%	집중도 높지만 성장성 우수
VIG	배당 성장 중심	1.8%	7.8%	배당 수익률 낮지만 기업 품질 높음
DVY	유틸리티/에너지 중심 고배당	3.8%	3.0%	전통적 고배당주 중심, 성장성은 낮음

7. 요약

 VYM은 배당 수익률을 우선시하는 투자자에게 이상적인 ETF로, 포트폴리오가 광범위하게 분산되어 있어, 섹터 리스크와 개별 종목 리스크를 효과적으로 제어할 수 있습니다.

 배당 성장률은 다소 낮지만, 초기 수익률이 높고 변동성이 낮아 은퇴 후 인컴 전략 또는 안정적 복리 투자 기반 자산으로 적합하며, SCHD와 병행하여 활용하면 배당 수익률과 성장률 간 균형을 맞출 수 있는 조합도 가능합니다.

JEPI ETF 분석
JPMorgan Equity Premium Income ETF

개별 ETF 분석

1. 개요

- **운용사**: J.P. Morgan Asset Management
- **설립일**: 2020년 5월 20일
- **운용 수수료(Expense Ratio)**: 0.35%
- **전략 유형**: 커버드콜 기반 고배당 ETF
- **배당 빈도**: 월배당

JEPI는 S&P 500 기반의 주식 포트폴리오에 커버드콜 옵션을 결합하여, 높은 월배당 수익을 실현하는 전략을 취합니다.

주가 상승분의 일부를 포기하는 대신, 옵션 프리미엄 수익 + 배당 수익을 월 단위로 지급하는 구조입니다.

2. 구성 특징

항목	내용
종목 수	약 100개 내외
주요 섹터	헬스케어, 금융, 산업재, 소비재 등
상위 보유 종목	AbbVie, Hershey, Progressive, Coca-Cola 등
스타일	대형 우량주 + 커버드콜 전략
전략 구성	80% 주식, 20% ELNs(옵션 연계 노트)

옵션 프리미엄을 통한 인컴 창출을 통해, 시장이 횡보하거나 하락할 때에도 상대적으로 안정적인 수익 흐름을 유지함.

3. 수익률 & 배당 정보

항목	수치 (2024년 기준)
최근 배당 수익률(12개월)	8.5% ~ 10.5% 수준
최근 3년 CAGR(총수익률)	6.8% 내외
월평균 배당금 지급액	약 $0.40~$0.65
주가 상승률 기대치	낮음 (옵션 전략 특성상)

월배당 + 고배당 구조이기 때문에, 현금흐름 확보용 전략 또는 배당 재투자 기반 복리 모델에서 활용도가 높음.

4. 장점과 단점

항목	장점	단점
인컴	월 단위로 지급되는 높은 현금흐름	주가 상승기의 수익률은 제한됨 (커버드콜 전략의 구조적 한계)
안정성	시장이 하락하거나 횡보할 때도 프리미엄 수익으로 상대적 방어력 확보	옵션 전략에 따른 복잡성, 시장 급등 시 수익 기회 상실 가능성
전략	배당주 + 파생상품 전략이 결합된 혁신형 구조	포트 내 옵션 연계 상품(ELN)의 이해 필요

5. 투자자 성향별 적합도

- 월 현금흐름 투자자: 매우 적합
- 복리 재투자 전략: 적절 (SCHD 등과 연계 시 효과적)
- 시장 방향성 예측이 어려운 시기: 유리
- 성장 중심 투자자: 비추천 (주가 상승 제한 구조)

6. 대표적 경쟁 ETF 비교

ETF	전략	배당 수익률	성장성 기대	주요 특징
JEPI	커버드콜 + 배당	8.5~10.5%	낮음	월배당, 인컴 집중 전략
JEPQ	커버드콜 + 나스닥	11~13%	중간~높음	JEPI 대비 성장성 강조
QYLD	100% 커버드콜 (QQQ 기반)	12%+	낮음	완전한 인컴 특화, 자본 손실 가능성
SCHD	고배당 + 성장	3.5%	높음	배당 + 장기 성장 균형

7. 요약

JEPI는 고배당 월배당 전략의 대표 ETF로, 배당 수익을 실시간으로 활용하고자 하는 투자자에게 이상적입니다.

커버드콜 전략을 통해 횡보장에서도 수익을 확보할 수 있으며, 안정적인 인컴이 필요한 시점에 포트폴리오에 효과적으로 기여하고, 성장성보다는 현금흐름 확보에 초점을 둔 전략이므로, 다른 성장형 ETF(SCHD, QQQ 등)와의 혼합 전략이 권장됩니다.

JEPQ ETF 분석
JPMorgan Nasdaq Equity Premium Income ETF

개별 ETF 분석

1. 개요

- **운용사**: J.P. Morgan Asset Management
- **설립일**: 2022년 5월 4일
- **운용 수수료(Expense Ratio)**: 0.35%
- **전략 유형**: 커버드콜 기반 성장형 월배당 ETF
- **배당 빈도**: 월배당

JEPQ는 나스닥 100 기반의 성장주 포트폴리오에 커버드콜 옵션 전략을 결합하여, 높은 월배당 수익률과 일정한 인컴을 동시에 추구하는 ETF입니다.

JEPI와 동일한 운용사에서 만들어졌지만, 보다 기술주 중심의 성장성에 베팅하면서도 인컴 흐름을 확보할 수 있도록 설계되어 있습니다.

2. 구성 특징

항목	내용
종목 수	약 80~100개
주요 섹터	기술, 통신, 소비재, 헬스케어 등
상위 보유 종목	Apple, Microsoft, Amazon, Meta, Nvidia 등
스타일	나스닥 대형 성장주 + 커버드콜 전략
전략 구성	80% 주식, 20% ELNs(옵션 연계 노트)

기술 섹터 비중이 높은 ETF임에도 불구하고, 월배당이라는 구조적 강점 덕분에 성장성과 인컴을 동시에 노리는 포트폴리오에 적합함.

3. 수익률 & 배당 정보

항목	수치 (2024년 기준)
최근 배당 수익률(12개월)	10% ~ 12% 수준
설정 이후 CAGR(총수익률)	9% 내외
월평균 배당금 지급액	약 $0.50~$0.70
주가 상승률 기대치	중간~높음 (옵션 프리미엄과 병행)

배당 수익률은 매우 높지만, 주가 상승 시에도 일정 부분 수익을 포기하는 구조이므로 완전한 성장형 ETF와는 구별됨.

4. 장점과 단점

항목	장점	단점
인컴	월 단위로 고배당 수익 실현 가능, 현금흐름 유리	기술주의 변동성과 커버드콜 전략의 수익 상한선으로 수익 제한 가능성
전략	성장주 기반 + 인컴 전략의 균형형 구조	상승장에서는 성장주 대비 상대적 수익률 저하 가능
안정성	기술주 단일 종목 리스크는 낮추되, 섹터 집중도는 다소 높음	경기침체 시 기술주 리스크 증가 가능성

5. 투자자 성향별 적합도

- 성장 + 인컴 병행 투자자: 매우 적합
- 월배당 기반 현금흐름 추구형 투자자: 매우 적합
- 고성장주에 직접 투자하기 부담스러운 투자자: 안정 대안
- 순수 자본차익을 기대하는 투자자: 비추천

6. 대표적 경쟁 ETF 비교

ETF	전략	배당 수익률	성장성 기대	주요 특징
JEPQ	커버드콜 + 나스닥	10~12%	중간~높음	기술주 기반 + 월배당
JEPI	커버드콜 + S&P 500	8.5~10.5%	낮음	안정성 중심, 성장성 낮음
QYLD	100% 커버드콜 (QQQ 기반)	12%+	낮음	인컴 집중, 자본 성장 기대 어려움
SCHD	고배당 + 성장	3.5%	높음	배당 성장 전략 기반, 인컴은 낮음

7. 요약

JEPQ는 기술주 중심의 성장성과 월배당 수익을 동시에 추구하는 프리미엄 인컴 ETF입니다.

JEPI보다 성장 잠재력이 높고, QYLD보다 자본 손실 위험이 낮으며 운용 전략이 안정적이며, 월단위 배당금 흐름이 필요한 투자자, 또는 커버드콜 전략을 활용하되 나스닥 성장 섹터에 투자하고자 하는 이들에게 최적화되어 있습니다.

복리 효과를 노리는 배당 재투자 전략, 또는 은퇴 후 현금흐름 관리 전략에도 효율적으로 적용 가능합니다.

DGRO ETF 분석
iShares Core Dividend Growth ETF

개별 ETF 분석

1. 개요

- 운용사: BlackRock (iShares)
- 설립일: 2014년 6월 10일
- 운용 수수료(Expense Ratio): 0.08% (매우 저렴)
- 전략 유형: 배당 성장 기반의 우량주 ETF
- 배당 빈도: 분기 배당

DGRO는 배당을 꾸준히 증가시켜 온 미국 기업들을 선별해 구성된 ETF로, 배당 안정성과 장기 성장성을 동시에 추구합니다.

10년 이상 연속 배당 증가 기업을 대상으로 하며, 자사주 매입을 활발히 하는 기업도 선호합니다.

2. 구성 특징

항목	내용
종목 수	약 400개 내외
주요 섹터	헬스케어, 정보기술, 금융, 산업재, 소비재 등
상위 보유 종목	Apple, Microsoft, JPMorgan, Johnson & Johnson 등
스타일	대형주 중심, 배당 성장 전략
구성 조건	5년 이상 연속 배당 + 자사주 매입 비중 등 기준

S&P 500 배당 귀족 ETF보다 폭넓은 종목 구성과 낮은 수수료로, 일반 투자자에게도 매우 접근성 높은 ETF로 평가받음.

3. 수익률 & 배당 정보

항목	수치 (2024년 기준)
최근 배당 수익률(12개월)	2.3% ~ 2.5% 수준
최근 5년 CAGR(총수익률)	10.2% 내외
연간 배당 성장률 추정치	8% 내외
주가 상승률 기대치	중간~높음 (성장 기반)

배당 수익률은 낮지만, 배당 성장률과 자본 성장률이 모두 뛰어난 복합형 ETF.

장기 재투자 전략에 특히 강력한 성과를 보임.

4. 장점과 단점

항목	장점	단점
수익	배당 성장 + 자본 성장의 조화	단기 배당 수익률은 낮음
전략	탄탄한 배당 성장 기업 중심의 구성	고배당 선호 투자자에게는 적합하지 않을 수 있음
안정성	대형 우량주 위주, 배당 지속성 높은 종목 중심 구성	경기 민감 섹터 비중은 일부 제한적
수수료	매우 낮은 운용보수 (0.08%)	섹터별 분산이 SCHD에 비해 다소 집중될 수 있음 (특히 금융/IT 비중)

5. 투자자 성향별 적합도

- 복리 재투자 전략 중심의 장기 투자자: 우 적합
- 은퇴 준비 중인 안정적 성장 추구자: 적합
- 배당 수익보다는 배당 성장성에 초점 두는 투자자: 적합
- 현재 수익률 중심의 고배당 투자자: 비추천

6. 대표적 경쟁 ETF 비교

ETF	전략	배당 수익률	성장성 기대	주요 특징
DGRO	배당 성장 + 우량주	2.3%	높음	장기 복리 적합, 저비용
SCHD	고배당 + 성장	3.5%	높음	배당 중심 + 성장, 재무 안정성 강조
VIG	연속 배당 성장 기업	2.0% 내외	중간~높음	배당 귀족 전략에 가까움
SDY	배당 귀족 중심	2.5%~3.0%	중간	배당 연속성 중심, 보수적 성격

7. 요약

　DGRO는 장기 복리 재투자 전략에 최적화된 ETF로, 꾸준한 배당 성장과 자본 성장의 균형을 제공합니다.

　SCHD보다 배당률은 낮지만, 종목 수가 많아 더 넓은 분산 투자 효과를 지닌 안정형 ETF이며, 고배당보다는 성장하는 배당, 낮은 수수료, 그리고 자본 수익률을 추구하는 투자자에게 이상적입니다.

SDY ETF 분석
SPDR S&P Dividend ETF

개별 ETF 분석

1. 개요

- **운용사**: State Street Global Advisors (SPDR)
- **설립일**: 2005년 11월 8일
- **운용 수수료(Expense Ratio)**: 0.35%
- **전략 유형**: 연속 배당 성장 기반의 고배당 ETF
- **배당 빈도**: 분기 배당

SDY는 S&P High Yield Dividend Aristocrats Index를 추종하며, 연속 20년 이상 배당을 늘린 기업만을 포함합니다.

즉, 장기적 수익성, 현금흐름, 재무 건전성이 검증된 기업들로만 구성되어 있어, 배당 안정성 측면에서 가장 강력한 ETF 중 하나로 평가받습니다.

2. 구성 특징

항목	내용
종목 수	약 120개 내외
주요 섹터	산업재, 유틸리티, 금융, 소비재 등
상위 보유 종목	3M, Genuine Parts, AT&T, PepsiCo 등
스타일	중소형 가치주 중심 + 배당 귀족 기업들
구성 기준	20년 이상 연속 배당 증가 + 배당 수익률 고려

대형주보다는 중소형 우량 배당주 중심 구성이 특징이며, 전통적인 보수적 배당 투자자에게 매우 적합한 ETF임.

3. 수익률 & 배당 정보

항목	수치 (2024년 기준)
최근 배당 수익률(12개월)	2.9% ~ 3.2% 수준
최근 10년 CAGR(총수익률)	8% 내외
연간 배당 성장률 추정치	6% 내외
주가 상승률 기대치	중간 이하 (가치주 중심 구성)

고정적이고 안정적인 배당 수익은 장점이지만, 성장성이 낮아 장기 수익률은 다소 제한적일 수 있음.

4. 장점과 단점

항목	장점	단점
배당	20년 이상 배당 증가 기업만 포함 ⋯→ 강한 신뢰도	주가 상승 여력은 상대적으로 낮음 (중소형 중심, 성장성 제한)
안정성	위기 시에도 배당 유지 가능성이 높은 기업들로 구성	섹터 편중이 있을 수 있음 (산업재/유틸리티 비중 높음)
투자 성향	보수적 인컴 투자에 매우 적합, 분산도 우수	대형 성장주를 포함하지 않아 시장 평균을 하회할 가능성 존재

5. 투자자 성향별 적합도

- 장기 배당 안정성을 최우선으로 여기는 투자자: 매우 적합
- 시장의 변동성 속에서도 꾸준한 배당 수익을 원한다면: 적합
- 성장성보다 안정성과 현금흐름을 중시하는 투자자: 적합
- 고성장주나 기술 섹터 중심 포트폴리오를 원하는 경우: 부적합

6. 대표적 경쟁 ETF 비교

ETF	전략	배당 수익률	성장성 기대	주요 특징
SDY	20년 이상 배당 증가 기업	3.0% 내외	낮음	배당 귀족 ETF, 보수적 인컴 투자 중심
SCHD	고배당 + 성장 전략	3.5%	높음	재무 지표 + 배당률 중심, 대형주 구성
DGRO	배당 성장 전략	2.3%	중간~높음	성장형 배당, 종목 수 많고 수수료 낮음
VYM	고배당 전략 중심	3.0% 내외	중간	배당 수익률 위주, 섹터 다양성 우수

7. 요약

SDY는 배당 안정성과 전통적 가치투자 전략의 정점에 있는 ETF입니다.

성장보다 인컴, 자산 보존보다 꾸준한 현금흐름을 중시하는 투자자에게 최적화되어 있으며, 배당 투자의 본질인 '시간과 함께 쌓아가는 수익'이라는 개념에 가장 부합합니다.

포트폴리오 내 보수적 구성 요소 또는 은퇴 후 안정적 배당 수익원으로 매우 유효합니다.

VEA ETF 분석

Vanguard FTSE Developed Markets ETF

개별 ETF 분석

1. 개요

- 운용사: Vanguard
- 설립일: 2007년 7월 26일
- 운용 수수료(Expense Ratio): 0.05% (매우 저렴)
- 전략 유형: 미국 제외 선진국 주식 투자
- 배당 빈도: 분기 배당

VEA는 FTSE Developed All Cap ex US Index를 추종하며, 미국을 제외한 유럽, 일본, 캐나다, 호주 등 선진국 시장의 대형주/중형주/소형주에 분산 투자합니다.

전 세계 투자 포트폴리오에서 비미국 선진국 익스포저 확보를 위한 필수 ETF로 꼽힙니다.

2. 구성 특징

항목	내용
종목 수	4,000개 이상 (전 세계에서 가장 광범위)
주요 국가	일본, 영국, 프랑스, 캐나다, 스위스, 독일 등
주요 섹터	금융, 산업재, 헬스케어, 소비재, 정보기술 등
상위 보유 종목	Nestle, Samsung, ASML, Toyota, Shell 등
스타일	대형주 중심 + 전 지역 선진국 분산

미국 중심 포트폴리오의 리스크 헤지용, 혹은 글로벌 분산의 핵심축으로 활용되며, 특히 글로벌 경제 성장의 균형적 참여를 원하는 투자자에게 적합함.

3. 수익률 & 배당 정보

항목	수치 (2024년 기준)
최근 배당 수익률(12개월)	3.0% 내외
최근 10년 CAGR(총수익률)	6% 내외
연간 배당 성장률 추정치	3% ~ 4% 수준
지역별 성장 기대치	중간 (유럽/일본 경기 흐름에 의존)

자본 성장은 미국 대비 낮지만, 배당 수익률과 분산 효과는 강점. 특히 환율 효과와 글로벌 정책 변화에 따라 성과가 좌우되기도 함.

4. 장점과 단점

항목	장점	단점
분산성	4,000개 이상 종목 + 다양한 국가 및 산업 섹터	너무 광범위한 분산으로 인해 개별 성장 모멘텀은 약화됨
배당	미국 대비 높은 배당 수익률 (3% 수준)	배당 성장률은 상대적으로 낮음
지역 분포	미국 외 선진국에 대한 노출 제공	미국보다 낮은 수익률 & 환율 변동성 존재
수수료	0.05%로 업계 최저 수준	글로벌 이벤트(전쟁, 정책 등) 영향에 취약

5. 투자자 성향별 적합도

- 미국 중심 포트폴리오의 분산이 필요한 투자자: 매우 적합
- 안정적인 글로벌 배당 수익을 원한다면: 적합
- 전 세계 선진국 경제에 균형적으로 참여하고자 할 때: 적합
- 고성장 주도 전략을 원하는 투자자: 부적합

6. 대표적 경쟁 ETF 비교

ETF	전략	배당 수익률	성장성 기대	주요 특징
VEA	미국 제외 선진국 전체	3.0%	중간	저비용, 광범위한 분산, 글로벌 배당 수익
VXUS	미국 제외 전 세계 (신흥국 포함)	3.0%	중간~중상	VEA에 신흥국을 포함한 광역 글로벌 투자
SCHF	미국 제외 선진국 대형주	2.5% 내외	중간	VEA보다 종목 수 적지만 간결한 구성
VT	전 세계 올마켓	2.1%	중간	미국 포함, 글로벌 통합형 분산 ETF

7. 요약

　VEA는 글로벌 분산 투자 포트폴리오의 핵심축으로, 미국 중심 자산 구조를 보완하거나, 은퇴 이후 환율 헤지와 안정적 인컴 확보를 위한 글로벌 배당형 투자처로 적합합니다.

　미국 외 국가의 정책 변화, 환율, 지정학 리스크에 노출된다는 점은 고려해야 하고, 장기 투자자 입장에서 자산 배분의 균형을 위해 필수적으로 검토할 수 있는 ETF라고 할 수 있습니다.

IEMG ETF 분석

iShares Core MSCI Emerging Markets ETF

개별 ETF 분석

1. 개요

- 운용사: BlackRock (iShares)
- 설립일: 2012년 10월 18일
- 운용 수수료(Expense Ratio): 0.09%
- 전략 유형: 신흥국 전체 주식시장 투자
- 배당 빈도: 반기 배당

IEMG는 MSCI Emerging Markets Investable Market Index(IMI)를 추종하며, 신흥국의 대형주, 중형주, 소형주를 포함한 전체 시장에 투자하는 ETF입니다.

즉, 단순한 국가 분산뿐 아니라 시가총액 전반에 걸친 폭넓은 익스포저를 제공합니다.

2. 구성 특징

항목	내용
종목 수	약 2,400개 이상
주요 국가	중국, 인도, 대만, 브라질, 사우디, 멕시코 등
주요 섹터	금융, 정보기술, 소재, 소비재 등
상위 보유 종목	Taiwan Semiconductor, Tencent, Samsung 등
스타일	대중소형 종합 구성 + 성장성 중심의 신흥국 편중

성장성이 높은 신흥국 시장 전체에 넓고 깊게 투자할 수 있는 대표 ETF로 특히 소형주까지 포함되므로 성장 초기 단계 기업들에도 투자 기회가 있음.

3. 수익률 & 배당 정보

항목	수치 (2024년 기준)
최근 배당 수익률 (12개월)	3.0% 내외
최근 10년 CAGR(총수익률)	4% ~ 5% 내외
연간 배당 성장률 추정치	3% 내외
지역별 성장 기대치	중장기 성장성은 높지만, 단기 변동성 큼

높은 성장 잠재력과 높은 변동성이 공존하는 전략이기 때문에 장기 투자자에게는 인컴 + 자본 성장의 균형 투자처가 될 수 있음.

4. 장점과 단점

항목	장점	단점
분산성	20여 개 국가 + 대/중/소형주 포함 종합 투자 가능	특정 국가(중국, 대만, 인도 등) 편중도 존재
성장성	신흥국 고성장 잠재력 (인구 증가, 산업화 진행 등)	신흥국 특유의 리스크 존재 (정치, 환율, 통화정책, 지정학적 불안정 등)
배당	3% 내외의 중간 배당 수익률 확보 가능	배당 성장률은 제한적이고 일정하지 않음
수수료	0.09%로 낮은 수준, 장기 보유 시 유리	낮은 수익률과 고변동성 사이 균형을 잡는 것이 중요

5. 투자자 성향별 적합도

- 글로벌 분산 투자에서 신흥국 비중을 확보하려는 투자자: 매우 적합
- 장기적으로 높은 성장성을 추구하며 리스크 감수 가능한 투자자: 적합
- 배당과 성장의 균형을 맞추려는 글로벌 ETF 포트폴리오 구성자: 적합
- 안정성과 수익 예측 가능성을 우선시하는 보수적 투자자: 부적합

6. 대표적 경쟁 ETF 비교

ETF	전략	배당 수익률	성장성 기대	주요 특징
IEMG	신흥국 대중소형주 포함 광역 투자	3.0%	높음	저비용 + 폭넓은 성장주 노출
EEM	신흥국 대형/중형주 중심	2.5%	높음	IEMG보다 간결한 구성, 소형주는 미포함
VXUS	미국 제외 전 세계 투자	3.0%	중간	선진국 + 신흥국 통합 투자, 폭넓은 분산
VWO	신흥국 전체, 대형주 중심	3.1%	중상	배당 수익률 중심 접근, IEMG와 유사하지만 소형주 비중은 낮음

7. 요약

IEMG는 글로벌 성장 투자 전략에서 신흥국 노출을 확보하는 대표 ETF입니다.

배당 수익 + 자본 성장을 동시에 추구할 수 있지만, 정치/환율/시장 불확실성에 대한 리스크도 명확히 존재합니다.

미국 및 선진국 중심의 포트폴리오에 성장형 위성을 추가하고자 할 때, 가성비 높고 효과적인 투자 수단으로 적합합니다.

VXUS ETF 분석
Vanguard Total International Stock ETF

개별 ETF 분석

1. 개요

- 운용사: Vanguard
- 설립일: 2011년 1월 26일
- 운용 수수료(Expense Ratio): 0.07%
- 전략 유형: 미국 제외 전 세계 주식 투자 (선진국 + 신흥국)
- 배당 빈도: 분기 배당

VXUS는 FTSE Global All Cap ex US Index를 추종하며, 미국을 제외한 선진국 + 신흥국의 대형주, 중형주, 소형주 전체에 투자하는 글로벌 커버리지 ETF로 미국을 제외한 전 세계 자산에 가장 넓게 투자할 수 있는 대표 상품입니다.

2. 구성 특징

항목	내용
종목 수	약 8,000개 이상 (전 세계 ETF 중 최다 수준)
주요 국가	일본, 영국, 중국, 프랑스, 캐나다, 인도 등
주요 섹터	금융, 산업재, 정보기술, 헬스케어, 소비재 등
상위 보유 종목	Taiwan Semi, Nestle, ASML, Tencent, Samsung 등
스타일	전 지역 + 전 시가총액 통합형 분산 투자

선진국 + 신흥국 + 대/중/소형주 모두 포함되어 글로벌 분산 투자에서 기초자산 역할을 충실히 수행할 수 있음.

3. 수익률 & 배당 정보

항목	수치 (2024년 기준)
최근 배당 수익률 (12개월)	3.2% 내외
최근 10년 CAGR(총수익률)	5.0% ~ 5.5% 내외
연간 배당 성장률 추정치	3% 내외
지역별 성장 기대치	중간 (선진국 비중이 크지만, 신흥국 포함되어 혼합형 성장 기대)

미국 주식보다 수익률은 다소 낮지만, 배당 수익률과 국가 분산 효과에서 강점을 가짐.

4. 장점과 단점

항목	장점	단점
분산성	전 세계 8천 개 종목 보유, 압도적인 분산 투자 효과	국가별 수익률 편차가 크고, 미국 시장보단 성장성이 낮을 수 있음
배당	3%대 안정적인 배당 수익률	배당 성장률은 선진국/신흥국 평균 수준으로 미국보다 낮음
포지션	미국 중심 포트폴리오의 효과적인 보완 수단	미국 주도 시장 랠리에서는 수익률이 뒤처질 수 있음
수수료	0.07%로 낮은 비용, 장기 투자 적합	개별 성장 테마에 대한 집중도가 낮아 수익률 기대는 평균화됨

5. 투자자 성향별 적합도

- 미국 중심 자산 구조를 보완하려는 투자자: 매우 적합
- 글로벌 시장 전체에 분산 투자하고자 하는 장기 투자자: 적합
- 은퇴 설계용 안정적 인컴 + 글로벌 익스포저 확보 전략: 적합
- 개별 성장 테마/섹터를 집중적으로 노리고자 하는 투자자: 부적합

6. 대표적 경쟁 ETF 비교

ETF	전략	배당 수익률	성장성 기대	주요 특징
VXUS	미국 제외 전 세계 (선진국 + 신흥국)	3.2%	중간	초광범위 글로벌 분산, 8천 종목 이상
VEA	미국 제외 선진국	3.0%	중간	VXUS에서 신흥국 제외, 조금 더 안정적
IEMG	신흥국 전체	3.0%	중상	VXUS보다 좁지만, 고성장 신흥국 집중
VT	전 세계 포함 (미국 + 해외 통합)	2.1%	중상	VXUS에 미국 주식까지 포함한 글로벌 통합 ETF

7. 요약

VXUS는 미국 외 전 세계 주식시장 전체에 투자하는 대표 ETF로 배당 수익률, 국가 분산, 자산 다변화 측면에서 매우 강력합니다.

미국 주식 비중이 너무 높은 포트폴리오의 보완 수단으로 활용하기 좋으며, 은퇴 포트폴리오 또는 장기 글로벌 분산의 기본 축으로 적합합니다.

BND ETF 분석

Vanguard Total Bond Market ETF

개별 ETF 분석

1. 개요

- 운용사: Vanguard
- 설립일: 2007년 4월 3일
- 운용 수수료(Expense Ratio): 0.03% (매우 저렴)
- 전략 유형: 미국 투자등급 채권 전체 투자 (국채 + 회사채 + MBS 포함)
- 배당 빈도: 월배당

BND는 Bloomberg U.S. Aggregate Float Adjusted Index를 추종하며, 미국 내 투자등급 채권 전반(국채, 회사채, MBS 등)에 광범위하게 투자합니다.

전체 미국 채권시장을 포괄하는 상품으로, 포트폴리오의 안정성과 수익 균형을 위한 핵심 ETF입니다.

2. 구성 특징

항목	내용
총 보유 종목 수	약 10,000개 이상
주요 구성	미국 국채, 회사채, 모기지 담보증권(MBS) 등
평균 듀레이션	약 6.5년 (중장기)
신용 등급	대부분 A 이상 (투자적격) 등급
만기 분포	단기 ~ 장기까지 고르게 분산

포괄적 미국 채권시장 익스포저를 제공하며, 경기 침체기에도 원금 안정성과 월배당 효과가 기대되는 안정형 자산임.

3. 수익률 & 배당 정보

항목	수치 (2024년 기준)
최근 배당 수익률 (12개월)	3.8% 내외
최근 10년 총수익률(CAGR)	1.5% ~ 2.5%
연간 배당 성장률 추정치	0% ~ 1% (거의 정체)
주요 수익원	이자 수익 (배당) 중심

자본 수익률보다는 배당 위주의 안정적 수익을 추구하며, 금리가 높아지면 배당은 증가하지만, 채권 가격은 하락할 수 있음.

4. 장점과 단점

항목	장점	단점
안정성	국채 및 투자등급 채권 중심으로 안정적인 자산군 구성	금리 상승기에는 가격 하락 위험 존재
배당	매월 지급되는 지속적인 이자 수익 (3~4%) 확보 가능	인플레이션 초과 수익률은 제한적
분산성	약 1만 종목 이상 보유, 채권시장 전체에 분산 투자	개별 테마나 고수익 채권 전략에는 부적합
수수료	0.03%의 초저비용, 장기 투자에 적합	주식 대비 장기 수익률은 낮고, 배당 성장성도 미미

5. 투자자 성향별 적합도

- 포트폴리오의 안정성 확보가 필요한 투자자: 매우 적합
- 정기적인 현금흐름(이자 수익)을 원하는 은퇴자, 보수적 투자자: 적합
- 주식 위주의 포트폴리오에 리스크 완화용으로 채권을 섞고자 할 때: 적합
- 고수익, 고성장 전략을 추구하는 공격적 투자자: 부적합

6. 대표적 경쟁 ETF 비교

ETF	전략	배당 수익률	듀레이션	특징
BND	미국 투자등급 전체 채권시장	3.8%	6.5년	가장 넓은 커버리지 + 낮은 비용
BNDX	미국 제외 선진국 채권 투자	3.5%	7.5년	글로벌 채권 분산, 환헤지 버전
TLT	미국 20년 이상 장기 국채	4.0%	17~18년	장기 금리 변동에 민감, 변동성 큼
SGOV	초단기 미국 국채	5.0% 이상	0.07년	거의 현금성, 인플레이션 대비에 유리

7. 요약

BND는 미국 전체 채권시장을 커버하는 기본 ETF로 저비용, 안정성, 월배당 측면에서 포트폴리오의 안정 기둥 역할을 합니다.

인컴 중심 + 원금 안정성 + 저변동성을 원하는 투자자에게 매우 유리하며, 특히 주식 위주 자산 배분에서 리스크를 줄이는 완충재 역할로 적합합니다.

BNDX ETF 분석
Vanguard Total International Bond ETF

개별 ETF 분석

1. 개요

- 운용사: Vanguard
- 설립일: 2013년 5월 31일
- 운용 수수료(Expense Ratio): 0.07%
- 전략 유형: 미국 제외 선진국 채권 전반에 분산 투자 + 환헤지
- 배당 빈도: 월배당

BNDX는 Bloomberg Global Aggregate ex-USD Float Adjusted RIC Capped Index (Hedged)를 추종하며, 미국을 제외한 선진국의 국채, 회사채, 정부기관 채권 등에 투자하며, 환율 변동성을 제거하기 위해 환헤지를 기본적으로 적용하기 때문에 달러 기준으로 안정적인 수익을 추구할 수 있는 ETF입니다.

2. 구성 특징

항목	내용
총 보유 종목 수	약 6,000개 이상
주요 국가 구성	유럽연합(EU), 일본, 영국, 캐나다 등 선진국 중심
주요 채권 유형	정부채, 투자등급 회사채, 정부기관채
평균 듀레이션	약 7.5년 (중장기)
환헤지	100% 환헤지 적용

글로벌 채권 분산 효과와 환리스크 최소화를 동시에 노릴 수 있는 안정형 ETF임.

3. 수익률 & 배당 정보

항목	수치 (2024년 기준)
최근 배당 수익률 (12개월)	3.5% 내외
최근 10년 총수익률(CAGR)	2% ~ 3%
연간 배당 성장률 추정치	0.5% 내외 (매우 느림)
주요 수익원	이자 수익 + 환헤지 효과 중심

달러 강세기에 유리하며, 환헤지 덕분에 변동성이 매우 낮고, 장기적으로 해외 채권 분산 투자에 안정적 효과를 줌.

4. 장점과 단점

항목	장점	단점
안정성	선진국 국채 위주 구성 + 환헤지 적용으로 매우 낮은 변동성	성장성은 낮고, 자본 수익 여력도 제한적
분산성	미국 외 선진국 채권을 포괄하여 글로벌 분산 투자 가능	신흥국 수익률이나 고위험/고수익 채권 포함 불가
환리스크	환율 변동 영향 최소화 (달러 기준 고정 수익 추구)	환헤지 비용 발생 가능성 (보통은 적지만)
배당	월배당 + 채권 이자 수익 제공	배당 성장성이 낮고 금리 변화에 민감

5. 투자자 성향별 적합도

- 달러 기준의 안정적 글로벌 채권 투자 원할 때: 매우 적합
- 미국 자산 비중이 높아 포트폴리오 다변화가 필요한 투자자: 적합
- 환율 변동이 불안한 시기, 변동성 최소화가 필요한 투자자: 적합
- 고수익, 인플레이션 대비, 공격적 자산 추구: 부적합

6. BND / BNDX 비교

항목	BND (미국 전체)	BNDX (미국 제외)
구성 지역	미국	미국 제외 선진국
듀레이션	약 6.5년	약 7.5년
수익률	3.8% 내외	3.5% 내외
환헤지	없음	있음 (100%)
특징	미국 종합 채권	글로벌 분산 + 안정성 최고

7. 요약

BNDX는 미국 외 선진국의 채권시장에 분산 투자하는 환헤지 채권 ETF로, 달러 기준 안정적 수익, 변동성 최소화, 글로벌 자산 분산이라는 강점이 있습니다.

미국 중심 포트폴리오에서 글로벌 채권 비중을 보완하고 싶을 때 유용하며, 다만 수익률은 낮고, 배당 성장성도 제한적이므로, 인컴 + 안정성 비중 투자자에게 적합합니다.

TLTW ETF 분석

iShares 20+ Year Treasury Bond BuyWrite Strategy ETF

개별 ETF 분석

1. 개요

- 운용사: BlackRock (iShares)
- 설립일: 2022년 8월 18일
- 운용 수수료(Expense Ratio): 0.35%
- 벤치마크 지수: ICE BofA Long Treasury Principal STRIPS Index + 커버드콜 전략
- 배당 빈도: 월배당

TLTW는 장기 미국 국채 ETF인 TLT에 커버드콜 옵션 전략을 결합한 상품이다. 국채의 가격 안정성 + 월별 옵션 프리미엄 수익을 동시에 노리는 전략으로, 고배당 월 인컴을 목표로 합니다.

2. 구성 특징

항목	내용
종목 수	실질적으로 TLT + 콜옵션 운용
주요 섹터	미 국채 (20년 이상)
상위 보유 종목	미국 재무부 발행 장기 국채들
스타일	국채 + 커버드콜 전략
평균 듀레이션	약 17~20년 (장기채권 중심)

기초자산인 TLT는 금리 민감도가 매우 높은 ETF이며, 콜옵션 매도 전략을 통해 월 단위 인컴 보강을 추구함.

3. 수익률 & 배당 정보

항목	수치 (2024년 기준)
최근 배당 수익률	15% 내외 (변동 가능성 높음)
최근 1년 총수익률	−5% ~ +7% (시장 상황에 따라 크게 변동)
월배당금 지급액	$0.80 ~ $1.10 수준

옵션 프리미엄 수익이 배당에 포함되기 때문에 실제 배당 수익률이 매우 높게 보이지만, 자본 손실 가능성도 존재함.

4. 장점과 단점

항목	장점	단점
안정성	기초자산이 미국 국채 ⋯ 이론상 디폴트 리스크 낮음	장기채 특성상 금리에 매우 민감함
성장성	옵션 프리미엄으로 월배당 강화	자본 수익 성장성은 거의 없음
리스크	고배당 + 국채 안정성 조합 가능	금리 상승기엔 자본 손실 + 고변동성

5. 투자자 성향별 적합도

- 장기 투자자: 신중히 접근 필요 (시장 상황 따라 자산가치 변동 큼)
- 배당 재투자 전략: 단기 인컴 중심에는 효과적
- 현금흐름 중심 투자자: 매우 적합
- 리스크 회피형 투자자: 금리 민감도 고려 시 보수적 접근 권장

6. 대표적 경쟁 ETF 비교

ETF	전략	배당 수익률	성장성	주요 특징
TLTW	장기 국채 + 커버드콜	~15%	낮음	월배당, 인컴 강화 전략
TLT	장기 미국 국채	~3.5%	낮음	금리 하락기에 강함
JEPI	주식 + 커버드콜	~10%	보통	주식 기반, 커버드콜 전략
HYG	하이일드 회사채	~5.5%	보통	크레딧 리스크 존재

7. 요약

TLTW는 장기 미국 국채에 커버드콜 전략을 입힌 독특한 구조의 월배당 ETF입니다.

기초자산이 국채이기 때문에 이론상 안전자산으로 분류되지만, 듀레이션이 길어 금리에 매우 민감하며, 커버드콜 옵션 매도 전략의 수익도 일정치 않기 때문에 총수익률의 안정성은 낮습니다.

단기 고배당 인컴이 필요한 투자자, 또는 주식보다는 안정적인 자산에서 월배당을 받고 싶은 사람에게는 적절할 수 있지만, 장기 자본 성장을 원하는 투자자에게는 적합하지 않습니다.

TLT ETF 분석
iShares 20+ Year Treasury Bond ETF

개별 ETF 분석

1. 개요

- 운용사: BlackRock (iShares 시리즈)
- 설립일: 2002년 7월 22일
- 운용 수수료 (Expense Ratio): 0.15%
- 전략 유형: 미국 국채 중 장기물(20년 이상)에만 집중 투자
- 배당 빈도: 월배당

미국 정부가 발행하는 20년 이상 만기 국채만을 편입한 특수한 구조로, 금리 민감도가 극도로 높아, 금리 하락 시 가장 높은 자본 수익률을 기대할 수 있지만, 금리 상승기엔 큰 손실이 발생할 수도 있습니다.

2. 구성 특징

항목	내용
총 보유 종목 수	약 40개 이하
주요 구성	미국 20년 이상 장기 국채
평균 듀레이션	약 17~19년 (매우 장기)
신용 등급	AAA (미국 국채)
금리 민감도 (Duration)	높음 (Duration = 17~19)

- 듀레이션이 길기에, 금리 변화 1%당 자산가치 변동 폭이 매우 큼.
    - ⋯▶ 금리 인하기에는 주식보다 높은 수익률도 가능
    - ⋯▶ 금리 상승기에는 급격한 손실 가능성

3. 수익률 & 배당 정보

항목	수치 (2024년 기준)
최근 배당 수익률 (12개월)	3.3% 내외
최근 10년 총수익률 (CAGR)	0% ~ 2% 수준
연간 배당 성장률 추정치	0% ~ 1% (변동성 큼)
주요 수익원	이자 수익 + 자본 손익 (금리 영향)

금리 하락기에는 고수익 레버리지 자산처럼 작동하지만, 금리 인상기엔 극도로 부정적 영향을 받음. 배당은 있으나 안정적이지 않고, 자본 이득/손실이 핵심 변수임.

4. 장점과 단점

항목	장점	단점
금리 민감도	금리 하락기에는 가장 높은 자본 수익률을 기대할 수 있음	금리 상승기에는 가장 큰 손실 가능
안정성	미국 국채 100% 투자로 신용 리스크는 없음	듀레이션이 길어 가격 변동성이 매우 큼
수익 구조	경기 침체기나 위험 회피 구간에서 주식 대체 수단으로 유리	장기보유에는 리스크가 크고 인컴 투자자에겐 비효율적
헤지 수단	포트폴리오 내 주식과 반대 방향 움직임 가능	리스크 완화보다 리스크 확대 요인이 될 수도 있음

5. 투자자 성향별 적합도

- 금리 하락기 또는 경기 침체기 방어 자산을 원하는 투자자: 적합
- 주식과의 역상관성(hedge) 자산을 원하는 투자자: 유용
- 예측 가능한 배당 수익을 원하는 인컴 투자자: 부적합
- 금리 상승 우려가 있는 시기 또는 장기 보유 목적 투자자: 부적합

6. TLT vs BND vs SGOV 비교

항목	TLT (장기 국채)	BND (전체 미국 채권)	SGOV (초단기 국채)
듀레이션	17~19년 (매우 높음)	약 6.5년	약 1개월 내외
변동성	매우 높음	보통	매우 낮음
금리 민감도	극도로 높음	중간	거의 없음
수익률	금리 하락기엔 높음	중간	금리 반영형 (현금 대체)
헤지 효과	✓ 있음	△ 보통	✗ 없음
배당 안정성	△ 변동성 있음	✓ 보통	✓ 매우 높음

7. 요약

TLT는 미국 장기 국채에 집중 투자하는 고위험/고보상 채권 ETF로, 금리 하락기, 경기 침체기에는 뛰어난 방어와 자본 수익이 가능합니다.

그러나 금리 상승기에는 심각한 손실을 볼 수 있고, 포트폴리오에서 주식의 헤지 자산으로 전략적으로 활용하거나, 단기적인 금리 하락을 예측할 때 전술적으로 접근해야 합니다.

SGOV ETF 분석

iShares 0-3 Month Treasury Bond ETF

개별 ETF 분석

1. 개요

- 운용사: BlackRock (iShares 시리즈)
- 설립일: 2020년 5월 26일
- 운용 수수료 (Expense Ratio): 0.05% (매우 낮음)
- 전략 유형: 미국 재무부 발행 0~3개월 만기 국채(T-Bill)에 투자
- 배당 빈도: 월배당

초단기 국채 ETF 중 가장 수수료가 낮고 운용 효율이 뛰어난 상품으로, 변동성이 거의 없어, 현금처럼 쓸 수 있는 자산입니다.

2. 구성 특징

항목	내용
총 보유 종목 수	약 15개 내외
평균 만기	약 30~40일
듀레이션	약 0.1년 (30~40일 수준)
신용 등급	AAA (미국 국채)
수익 구조	국채 이자 수익 (금리 연동형)

구성 자산이 전부 미국 초단기 국채이기 때문에 시장 금리 변동에 매우 민감하게 반응하면서도 안정성은 최고 수준임.

3. 수익률 & 배당 정보

항목	수치 (2024년 기준)
최근 배당 수익률 (12개월)	5.2% 내외 (시장 금리 반영)
최근 총수익률 (3년 CAGR)	2.2% ~ 4.8%
연간 배당 성장률 추정치	시장 금리 연동 (0~5% 수준)
주요 수익원	이자 수익 (단기 국채 이자)

수익의 대부분이 현금 이자 수익이며, 자본 변동은 거의 없음.

4. 장점과 단점

항목	장점	단점
안정성	미국 초단기 국채 100% 투자 - 원금 손실 가능성 사실상 없음	장기 투자 시 실질 수익률이 인플레이션보다 낮을 수 있음
수익성	고금리 환경에서 5%대 안정적 수익 가능	금리 하락기에는 자동으로 수익률도 하락
유동성	현금처럼 사용 가능 - 높은 유동성과 즉시 매도 가능	주식이나 장기 채권처럼 자본 이득은 거의 없음
수수료	수수료 저렴 (0.05%)	자산 배분 목적 외 장기 복리 효과는 기대하기 어려움

5. 투자자 성향별 적합도

- 현금 대체 자산이 필요한 투자자: 매우 적합
- 단기 유동성 확보용 ETF 찾는 투자자: 적합
- 금리 인상기 동안 안전하게 이자 수익을 추구하는 투자자: 매우 적합
- 성장성과 자본 이득을 추구하는 장기 투자자: 부적합

6. SGOV vs TLT vs TLTW 비교

항목	SGOV (초단기 국채)	TLT (장기 국채)	TLTW (장기 국채 + 커버드콜)
듀레이션	약 30~40일	약 17~19년	약 17~19년
변동성	매우 낮음	매우 높음	높음 (콜옵션으로 일부 완충)
수익률 특성	금리 반영형 (시장금리 연동)	금리 인하기 자본 수익 기대	금리 인하기 약한 자본 수익 + 옵션 인컴
배당 수익률	5.2% 내외 (2024년 기준)	약 3.3% 내외	약 15% 내외 (월배당, 옵션 포함)
전략 구조	초단기 국채 직접 투자	장기 국채 직접 투자	TLT + 월별 콜옵션 매도 전략
적합 용도	현금 대체, 단기 자금 운용	금리 하락기 자본 이익 추구	월 인컴 강화형 고배당 전략
금리 민감도	거의 없음	매우 높음	매우 높음 (단, 배당으로 일부 보완)

7. 요약

SGOV는 안정성, 유동성, 수익성 3박자를 모두 갖춘 초단기 국채 ETF로 금리 상승기에는 예금 이상의 인컴 수익률을 제공합니다.

위험 회피 또는 대기 자금의 수익성 극대화에 매우 적합하며, 단기 포트폴리오 안정화, 리밸런싱 전 자산 보호, 인컴 투자자들에게 추천할 만한 상품입니다.

VNQ ETF 분석
Vanguard Real Estate ETF

개별 ETF 분석

1. 개요

- **운용사**: Vanguard
- **설립일**: 2004년 9월 23일
- **운용 수수료 (Expense Ratio)**: 0.12%
- **전략 유형**: 미국 상장 REITs 및 부동산 운영 회사에 투자
- **배당 빈도**: 분기 배당 (연 4회)

부동산 시장에 간접 투자하는 대표 ETF로 고정 수입 기반 + 자산가치 상승효과를 동시에 추구합니다.

인플레이션 헤지, 배당 수익 확보, 자산 분산을 위한 인기 상품입니다.

2. 구성 특징

항목	내용
총 보유 종목 수	약 160개 이상
주요 자산군	오피스, 산업, 리테일, 헬스케어, 주거용 부동산 등
최대 보유 종목	Prologis, American Tower, Equinix 등 대형 리츠 중심
지역 분포	미국 100% (순수 미국 리츠 ETF)

다양한 부동산 섹터에 분산 투자하며, 안정성과 수익성을 동시에 고려하고 상위 10개 종목이 전체 자산의 40% 이상을 차지 (대형 리츠 중심)함.

3. 수익률 & 배당 정보

항목	수치 (2024년 기준)
최근 배당 수익률 (12개월)	3.9% ~ 4.3%
최근 10년 총수익률 (CAGR)	약 7.5% ~ 8.0%
연간 배당 성장률 추정치	약 5% 내외
주요 수익원	임대 수익 기반의 배당 + 부동산 가치 상승분 자본 수익

중장기적으로 안정적인 캐시플로우 제공

금리 상승기에 단기적으로 리츠 가격이 하락할 수 있음 ···▶ 금리 민감

4. 장점과 단점

항목	장점	단점
배당	꾸준하고 예측 가능한 분기 배당 제공 (배당 성장성도 존재)	경기 침체 또는 공실률 상승 시 배당 감소 가능성
분산성	다양한 부동산 섹터 보유로 리스크 분산	섹터별 수익률 차이가 커 리스크 분산 효과가 완전하지 않음
수익 구조	자산가치 상승 + 인컴 수익의 이중 구조	금리 민감 자산 ⋯▸ 금리 인상기에는 가격 하락 위험 존재
인플레이션	임대료 상승을 통해 인플레이션 헤지 가능	부동산 시세와 연동된 자산이라 단기 변동성도 있음

5. 투자자 성향별 적합도

- 배당 수익을 꾸준히 확보하고 싶은 중장기 투자자: 매우 적합
- 인플레이션 헤지를 고려한 분산 포트폴리오 구성 시: 적합
- 고배당 전략이나 부동산 간접 투자에 관심 있는 투자자: 매우 적합
- 단기 차익 실현을 목적으로 하는 투자자: 부분 적합
- 금리 상승기에 민감한 투자 성향: 주의 필요

6. VNQ vs SCHD vs JEPI 비교

항목	VNQ (리츠 ETF)	SCHD (고배당 성장 ETF)	JEPI (커버드콜 고배당 ETF)
배당 수익률	약 4% 내외	약 3.5% 내외	약 7~10%
성장성	중간 (부동산 가치 상승)	높음 (우량주 배당 성장)	낮음 (커버드콜 프리미엄 수익)
변동성	중간 (금리 영향 있음)	낮음~중간	낮음
인플레 헤지	✓ 가능 (임대료 상승효과)	△ 부분 가능	✗ 불가
수익 구조	배당 + 자산가치 상승	배당 성장 + 자본 수익	배당 프리미엄 + 배당 수익

VNQ는 부동산이라는 독립된 자산군에 접근할 수 있게 해주는 ETF로 다른 고배당 ETF들과의 상호보완성이 뛰어나, 분산 효과를 기대할 수 있습니다.

7. 요약

VNQ는 미국 리츠 시장에 직접 투자할 수 있는 대표 ETF로 배당 수익 + 부동산 자산가치 상승이라는 이중 수익 구조로 되어 있습니다.

장기적으로 인플레이션 방어와 고정 수입 창출에 적합한 전략 자산이지만 금리 변동에 민감하므로, 포트폴리오 내 비중은 안전자산과 병행하는 것이 유리합니다.

RWR ETF 분석

SPDR Dow Jones REIT ETF

개별 ETF 분석

1. 개요

- **운용사**: State Street Global Advisors (SSGA)
- **설립일**: 2001년 4월 23일
- **운용 수수료(Expense Ratio)**: 0.25%
- **벤치마크 지수**: Dow Jones U.S. Select REIT Index
- **배당 빈도**: 분기 배당

RWR은 미국의 대표적인 리츠(REIT) ETF 중 하나로, 순수하게 상장 리츠 기업들만을 편입하는 전략을 따른다. 주로 부동산 임대 수익과 자산가치 상승을 통해 수익을 창출하는 기업들을 포함하며, 꾸준한 현금 흐름과 높은 배당 수익률을 추구하는 투자자에게 적합합니다.

2. 구성 특징

항목	내용
종목 수	약 80개 리츠 기업
주요 섹터	오피스, 리테일, 주거, 산업, 헬스케어 리츠
상위 보유 종목	Prologis, Equinix, Realty Income, Simon Property Group 등
스타일	리츠 중심, 고배당 중심
평균 시가총액	약 200~300억 달러

리츠 특성상 부동산 자산 기반의 인컴형 전략에 집중하며, 일반 기업과 달리 법적으로 소득의 90% 이상을 배당 형태로 분배해야 하므로 배당 수익률이 높은 편임.

3. 수익률 & 배당 정보

항목	수치 (2024년 기준)
최근 배당 수익률	3.8% ~ 4.2% 수준
최근 10년 CAGR	약 6.5%
최근 5년 평균 배당 성장률	3.2%
분기당 배당금 지급액	$0.80 ~ $1.00 수준

RWR은 배당 수익률이 높은 편이지만, 부동산 경기 사이클의 영향을 받기 때문에 총수익률은 경기 상황에 따라 변동성이 큼.

4. 장점과 단점

항목	장점	단점
안정성	실물 자산 기반의 안정적 수익 구조	금리 인상기에 민감하게 반응함
성장성	꾸준한 임대료 상승 ⋯ 배당 증가 여지 존재	자본 성장성은 낮은 편
리스크	리츠 규정상 배당 지급 의무 ⋯ 일정 수준 배당 확보	리테일/오피스 등 일부 섹터는 구조적 위축 위험

5. 투자자 성향별 적합도

- 장기 투자자: 적합 (부동산 자산으로 장기 보유 가능)
- 배당 재투자 전략: 효과적 (복리 수익 가능)
- 현금흐름 중심 투자자: 매우 적합 (높은 배당)
- 리스크 회피형 투자자: 금리 리스크 고려 필요

6. 대표적 경쟁 ETF 비교

ETF	전략	배당 수익률	성장성	주요 특징
RWR	순수 리츠 편입	4.0%	3.2%	리츠 전문, 고배당
VNQ	리츠 + 부동산 운영 기업 혼합	3.5%	3.0%	분산도 높고 거래량 많음
SCHH	비용 효율 + 리츠 집중	3.6%	2.8%	낮은 수수료, 보수적 리츠
REET	글로벌 리츠 포함	4.1%	2.5%	해외 리츠 포함, 분산 극대화

7. 요약

RWR은 미국의 대표적인 상장 리츠 ETF로, 부동산 자산을 통한 안정적 배당 수익에 초점을 맞춘 상품이다. 금리 환경에 따라 성과가 달라질 수 있으나, 현금흐름 중심 투자자에게는 매우 매력적인 ETF입니다.

다른 리츠 ETF보다 다소 높은 수수료(0.25%)를 부담하긴 하지만, 리츠 전문성과 구성의 집중성은 충분한 매력을 제공한다. 포트폴리오의 인컴 안정성을 높이는 데 좋은 보완재가 될 수 있습니다.